La Méthode Heuristique de Mathématiques

Nicolas Pinel

La Méthode Heuristique de Mathématiques

Enseigner les mathématiques autrement à l'école

Deuxième édition

LES ÉDITIONS DU NET
126, rue du Landy 93400 St Ouen

ISBN : 978-2-312-05880-1

Préface

Ce livre est la deuxième édition du guide ! C'est un long travail artisanal d'écriture, de correction, d'ajouts.

Il témoigne d'une profonde et sincère volonté de « faire changer » les choses dans l'enseignement des mathématiques, volonté confortée depuis que ce projet a démarré en 2014.

Ce livre est une dédicace à tous ces élèves m'appelant « Monsieur Maths » avec le sourire et me demandant « *Des maths* ! » quand je passe dans leur classe.

Ce livre est aussi une dédicace aux professeurs des écoles qui font un travail formidable chaque jour en classe. Il prétend aussi, modestement, vous faire réfléchir. Il est construit sur de nombreuses références que vous trouverez en fin d'ouvrage. Il est agrémenté de QR codes qui une fois scannés avec un smartphone ou une tablette vous donnent accès à un contenu supplémentaire pour approfondir un point en particulier.

Vous pouvez aussi accéder à ce bonus via l'adresse web qu'il suffit de recopier dans un navigateur internet.

Je vous souhaite une excellente lecture !

Nicolas Pinel,
Inspecteur de l'Éducation Nationale

Remerciements

Remerciements les plus sincères à Ludivine Caufourier, Fabienne Gabriel et Clotilde Galloni, trois professeures des écoles de grande qualité qui m'ont fait confiance aux origines de cette aventure.

Remerciements à Delphine Apchié, Odile Fleury, Cécile Klein, Hélène Poisson, Marie Sartori, et à mon épouse, Émilie Pinel pour leur relecture et leurs remarques pertinentes à la lecture de cet écrit.

Remerciements aux dizaines d'entre vous qui témoignez sur Twitter ou Facebook, qui me posent des questions (et c'est utile !), qui m'interrogent…qui m'aident à poursuivre cette aventure.

Les apports de la version 2

Cette deuxième édition vise à apporter des précisions, répondre aux questions qui m'ont été posées au cours de la première année de mise en ligne.

Je comprends la déception de ceux qui ont acheté le premier guide et qui découvrent ensuite qu'une nouvelle édition arrive…Désolé !

Vous trouverez dans cette nouvelle version :

- Un enrichissement des premiers chapitres, ajouts, précisions (*notamment sur les neurosciences*)

- Des précisions dans le chapitre 7 sur la pédagogie explicite, la manipulation, la visualisation en mathématiques et un sous-chapitre entier sur la résolution de problèmes.

- Le chapitre 8 est enrichi sur les pistes pour les élèves en difficulté, la différenciation, les leçons, les compléments proposés.

- Cinq chapitres sont ajoutés : pour préciser comment utiliser la méthode dans d'autres cadres, répondre à des questions pratiques, les spécificités du cycle 3, la mise en œuvre en maternelle et les compléments à la méthode.

Suivre la méthode sur les réseaux sociaux

La MHM, plus qu'une méthode c'est aussi l'occasion de repenser son enseignement des mathématiques, d'échanger entre collègues, de développer de nouvelles pratiques professionnelles.

Pour cela, la MHM se diffuse sur les différents réseaux :

Sur **Facebook** :
https://www.facebook.com/MethodeHeuristiqueMaths/

Sur **Twitter** :**@MathsMhm**

ou avec le hashtag #MHM qui vous donnera l'historique d'échanges, de photos et d'idées proposés par les collègues

Sur **YouTube** avec la chaine dédiée : https://huit.re/chaineyoutube

Sur **le forum** : http://forummhm.eklablog.fr/

Introduction

Les mathématiques sont de plus en plus au cœur de notre quotidien, sans que nous en ayons conscience, que ce soit via les nouvelles technologies ou l'optimisation de processus industriels. Omniprésentes dans notre société, elles agitent l'actualité régulièrement : positivement, lorsqu'un Français reçoit un prix prestigieux (comme en mars 2017 lorsque Yves Meyer a reçu le Prix Abel[1]), ou plus négativement lorsqu'il s'agit de parler de la crise de recrutement des professeurs de mathématiques[2], ou lorsqu'il s'agit de faire part des résultats aux évaluations internationales…

En février 2018, Luc Ferry, ex-ministre de l'Éducation Nationale a déclaré que les mathématiques ne servent à rien au quotidien[3]. Deux collégiennes lui ont répondu en vidéo de fort belle manière :

« Les mathématiques sont-elles inutiles ?”
Vidéo de la chaine YouTube “Scienticfiz”

https://huit.re/mathsinutiles

Un constat général se dresse sur la baisse des performances des élèves en mathématiques. Le pourcentage d'élèves en difficulté a tendance à augmenter, et les écarts se creusent (le nombre d'élèves de très bas niveau est passé de 17% en 2003 à 23% en 2015 d'après l'OCDE, de même le nombre de bons élèves est passé de 15% en 2003 à 11% en 2015). Pourtant, les mathématiques

[1] Cf : https://huit.re/prixabel
[2] Presque un quart des postes au CAPES non couverts en 2016
[3] Cf : https://huit.re/declarationferry

sont au cœur de notre système économique, scientifique et scolaire en étant un des principaux outils de sélection.

COMMENT CHANGER LES CHOSES ?

La Méthode Heuristique de Mathématiques, **MHM**, se présente comme une réponse, parmi d'autres. Elle ne prétend pas au miracle, avec ses avantages et inconvénients et se veut pragmatique et adaptée aux cours doubles et aux différents publics enseignants. Des choix ont été faits pour qu'elle soit accessible à tous. Elle n'est pas construite sur un élève lambda « parfait ». Elle a été testée par des dizaines de classes, et évaluée positivement. Elle est pensée sur le cycle complet à l'école (du CP au CE2, puis sur le CM1/CM2).

L'objet de ce guide est **multiple** :

- **Expliquer comment cette méthode s'est construite** à partir d'un constat sur l'enseignement des mathématiques, sur les résultats des élèves en France, sur le rapport que professeurs et élèves entretiennent avec la discipline.

Ce sera l'objet des chapitres 1 à 3.

- **Présenter les réflexions** qui ont conduit à construire la base de la méthode, les appuis scientifiques.

Ce sera l'objet des chapitres 4 et 5.

- **Expliciter ce qu'est la méthode heuristique**, sa conception, sa gestion pédagogique et didactique, son fonctionnement concret en classe, etc.

Ce sera l'objet des chapitres 6 à 8.

- **Accompagner la mise en œuvre de la méthode et de cette démarche d'enseignement** en répondant aux questions concrètes qui se posent.

Ce sera l'objet des chapitres 9 à 13.

Au-delà de la présentation de la méthode heuristique, ce guide vous invite à **réfléchir sur l'enseignement des mathématiques**, mais aussi sur le métier d'enseignants et sur vos pratiques professionnelles. C'est pourquoi, pour enrichir le propos ou pour aller plus loin, des QR Codes proposent des liens à scanner[4].

Beaucoup sont persuadés de ne pas aimer les maths et ne pas avoir de prédispositions pour cette matière, mais je pense qu'ils en auraient si on prenait le temps de bien les leur enseigner. On a eu le tort, pour rendre les maths attractives, d'en simplifier les concepts et d'en réduire le volume d'enseignement. Tout ce qu'il ne fallait pas ! Car du même coup, on donne moins de temps aux élèves pour se mettre en confiance avec ce langage, on ne leur permet pas de se forger des raisonnements, et en réduisant la quantité d'exercices, on a supprimé l'entrainement, qui est la seule chance qu'on a de s'immerger là-dedans.

Citation de Cédric Villani.

---

[4] Il existe de nombreuses applications gratuites pour scanner des QR-codes.

Activité de recherche en CP.

Chapitre 1. Les mathématiques et nous

Le mot « mathématique » vient étymologiquement du grec et pourrait être traduit par « *ce qui peut être appris* » ou « *ce qui peut être enseigné* ». Bien que les premières traces de mathématiques soient anciennes[5], on peut considérer que les Grecs ont été les premiers à ne pas utiliser les mathématiques qu'à des fins utilitaires, mais aussi de façon abstraite. Leur impact a été important dans l'histoire des mathématiques. Les mathématiciens les plus connus du public ne sont-ils pas Pythagore, Euclide et Thalès ?

Aujourd'hui, le champ de savoirs représenté par les mathématiques est extrêmement vaste et complexe, réparti en de multiples spécialités ou sous-domaines (algèbre, arithmétiques, géométrie, etc.). Il reste encore des théorèmes non démontrés dont la résolution aurait un impact scientifique important.

On distingue généralement les mathématiques dites « pures » et les mathématiques « appliquées ». Les mathématiques « pures » travaillent sur des concepts théoriques, dans différents sous-domaines. On peut y classer par exemple la logique mathématique, la topologie, la théorie des groupes, la théorie du chaos, les équations différentielles…les mathématiques « appliquées » font allusion à ces parties des mathématiques dont on peut faire un usage concret dans d'autres domaines scientifiques : la cryptographie, les statistiques, les mathématiques financières pour l'économie, etc.

---

[5] Allez lire le passionnant ouvrage de M. Launay « Le grand roman des maths ».

"Une carte des mathématiques."

Dominic Walliman, « physicist and science writer »

https://huit.re/cartemaths

À l'école, et même au collège, ce n'est qu'une petite partie des mathématiques que l'on étudie : la connaissance des nombres, un peu de géométrie, de mesures, le tout axé sur la résolution de problèmes…les élèves eux-mêmes n'ont pas conscience qu'ils rencontrent des problèmes de mathématiques dans de nombreuses situations de leur vie quotidienne : les jeux de construction (*comprendre un plan, les étapes, compter des briques…*), les jeux de société (*utiliser un dé, avancer, compter, comparer, anticiper…*), mais aussi le jardinage (*faire un potager, organiser des plantations en mesurant, observer la croissance…*), la cuisine (*comprendre une recette, effectuer les mesures demandées*), etc. Ils ne font pas le lien entre ces activités et la vie de la classe.

LES MATHÉMATIQUES DANS LA SOCIÉTÉ FRANÇAISE

Il n'est pas rare d'entendre autour de nous le quidam s'exclamer « *Moi, je ne sais pas, je suis nul en maths* ». Cette expression est parfois même teintée d'une sorte de fierté. On en rit…et on en a rarement honte ! Inversement, il ne viendrait à l'idée de personne de se vanter de ne pas comprendre un texte…

Combien d'enseignants ont entendu de la part de parents d'élèves "*Vous savez, j'étais nul(le) en maths à son âge…* », sous-entendant que réussir en mathématiques serait héréditaire ? Et inversement, « *si tu es bon en maths, fais une terminale scientifique, cela te permettra de faire le métier que tu souhaites…* », parce qu'être « bon » en mathématiques est une clé de sélection de notre système scolaire. La terminale S, scientifique, est ainsi la porte ouverte à tous les métiers. Les gens en ont parfaitement conscience.

Notre société concourt à cette image élitiste des mathématiques. Les exemples sont nombreux. Au moment des soldes, les enseignes affichent maintenant la réduction en euros correspondant à chaque pourcentage de soldes…considérant que le quidam est incapable de calculer la réduction de 10 % sur un produit…alors que le tableau présentant ces pourcentages peut être plus difficile à lire ! Pour illustrer un article sur les mathématiques, la presse utilise souvent l'image d'un tableau couvert d'équations incompréhensibles, renforçant cette idée que les mathématiques sont un langage hors de portée. Lorsqu'un de nos mathématiciens obtient un prix international, on présente l'heureux récipiendaire comme un génie, un être à part plus que comme un individu qui a beaucoup travaillé pour l'obtenir (car c'est largement le cas !). On devrait plutôt les comparer à des sportifs de haut niveau, alliant talent et travail. Et les exemples sont nombreux…les mathématiques n'ont (plus ?) rien d'universel ni de partagé dans notre culture.

« Cédric Villani, le triomphe d'un génie des maths. »

Article du Point, 26/08/2010

https://huit.re/articlevillani

Le rapport qu'entretiennent les Français avec les mathématiques est distant, entre crainte et fascination. Crainte de ne pas comprendre, mais profonde fascination envers ceux qui réussissent. Pourtant, les mathématiques peuvent attirer comme en témoignent les succès de librairie des livres de sudoku, d'énigmes et autres jeux mathématiques.

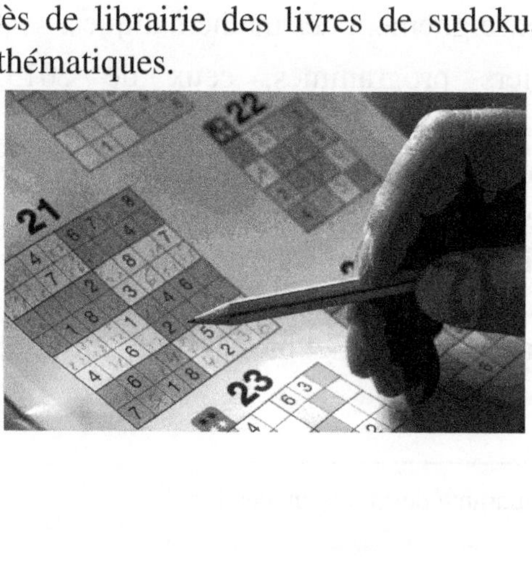

Enfin, notre pays connait depuis plusieurs années une crise du recrutement d'enseignants de mathématiques. D'après l'Association des professeurs de mathématiques de l'enseignement public (APMEP), il manque au moins 2000 postes d'enseignants de mathématiques dans le secondaire.

"Une licence de maths a d'autres débouchés que le professorat."

Article de Libération, 01/09/2014.

https://huit.re/licencemaths

LES PROGRAMMES

Les mathématiques à l'école, c'est d'abord une histoire de programmes officiels. Les programmes de l'école ont changé à de multiples reprises[6]. Ce sont eux qui décident ce que les professeurs doivent enseigner, mais aussi l'approche préconisée.

En ce qui concerne l'enseignement des mathématiques, la réforme des années 1970 dite des « maths modernes » a été la plus marquante. Elle introduisait un rapport complètement différent aux mathématiques. Le point le plus saillant était alors de travailler la théorie des ensembles et les bases de numération (base 2, base 3 en CE1). Cette réforme a été mal vécue et a laissé des traces dans l'histoire de l'enseignement des mathématiques.

Les derniers programmes, ceux de 2015, ont changé l'approche des mathématiques par rapport à ceux de 2008.

Ces nouveaux programmes s'appuient sur six compétences majeures : **chercher, modéliser, représenter, calculer, raisonner, communiquer** alors que le découpage des programmes de 2008 se centrait sur quatre domaines mathématiques : nombres et calcul, géométrie, grandeurs et mesures, organisation de données.

[6] 7 fois ces quarante dernières années !

Ils introduisent davantage de liens (*lier grandeurs et mesures avec la proportionnalité*), des croisements des enseignements (*avec la géographie, les sciences ...*) et mettent la résolution de problèmes au cœur de l'ensemble des programmes. Les aspects les plus techniques ont été un peu laissés de côté au profit de la réflexion (calcul en ligne utilisant les propriétés des opérations, vérification de la vraisemblance des résultats...).

Quelques points importants à retenir sur les programmes :

- La gestion de données et la proportionnalité ne font plus l'objet d'un travail à part, mais sont intégrées dans la numération, la géométrie et la mesure.

- En cycle 3, c'est le début du passage d'une géométrie perceptive à une géométrie instrumentée.

- Arrivée d'une première initiation à la programmation (déplacements d'un robot).

- Le programme de cycle 3 est partagé avec le collège et nécessite une programmation pensée sur les trois années.

« Fiches focus sur les programmes. »

Mathématiques cycle 2 et cycle 3

Frédéric Fulgence, IEN-A DSDEN Vienne

https://huit.re/fichesfocus

Compléments aux programmes

Le Ministre de l'Éducation Nationale, Jean-Michel Blanquer, a sorti au Bulletin Officiel du 26 avril 2018 des recommandations pour le calcul mental et la résolution de problèmes.

Les horaires

Les horaires ont été aussi impactés par les différentes réformes :

Programmes de :	Horaire hebdomadaire	Total annuel
1985	6 h	216 h
1995	5 h	180 h
2002	5 h à 5 h 30	180 h à 198 h
2008 et 2015	5 h	180 h

Notons ainsi qu'entre un élève ayant fait sa scolarité dans les années 80 et un autre dans les années 2000, un différentiel de 180 heures s'est creusé avant l'arrivée au collège, soit une année entière de scolarité mathématique.

Certaines personnes y attribuent une partie des difficultés en mathématiques constatées aujourd'hui. Nous verrons plus tard que ce n'est pas si simple.

Au-delà de ces exigences institutionnelles, il ne faut pas oublier le différentiel entre le prescrit et le réalisé. Bruno Suchaut a montré lors d'une étude que le temps hebdomadaire consacré aux mathématiques en CP variait de 3,2 à 7,1 heures, soit du simple au double !

Toutes les enquêtes menées témoignent que les enseignants des écoles y consacrent souvent un temps supérieur aux recommandations officielles. Au second degré, cette souplesse n'est pas possible. Au contraire, l'horaire annuel n'est jamais complètement atteint au regard des contraintes du terrain.

Chapitre 2. État des lieux

LES RÉSULTATS DES ÉLÈVES AU TRAVERS DES ENQUÊTES

Chacun, dans notre pays, a son avis sur l'éducation et l'école … Toutefois, pour passer de l'expérience personnelle à une analyse plus approfondie, il est utile de s'appuyer sur des enquêtes menées rigoureusement et d'en confronter plusieurs.

PISA

Qu'est-ce que « PISA », dont on parle tant ? C'est une évaluation des élèves de 15 ans qui a lieu tous les trois ans dans le monde. Le sigle signifie : *Programme International de Suivi des Acquis*. Cette évaluation est mise en œuvre par l'OCDE (Organisation de Coopération et Développement Économique). Elle cible les sciences, la compréhension de l'écrit et les mathématiques.

Les résultats de la France se situent dans la moyenne et nous placent en 27e position. Après une baisse des performances il y a plus de quinze ans, nos résultats sont plus stables d'après les dernières enquêtes.

Toutefois, la part des élèves en difficulté tend à augmenter et les performances sont très marquées par un **fort déterminisme social**. L'influence du milieu social est par exemple plus forte chez nous qu'aux États-Unis, alors que les inégalités sociales sont bien plus importantes outre-Atlantique. Enfin, nos élèves s'y révèlent comme les champions de la « non-réponse » !

« Exemples d'épreuves de PISA. »

OCDE

https://huit.re/PISA

TIMSS

L'enquête TIMSS 2015 (*Trends in International Mathematics and Science Study*) mesure quant à elle les performances en mathématiques et en sciences des élèves d'école primaire. En France, elle a concerné les élèves de CM1. Elle a fait l'objet d'une note d'information par la DEPP (Direction de l'Évaluation, de la Prospective et de la Performance) en novembre 2016 et d'une analyse critique dans le café pédagogique par Rémi Brissiaud.

Cette enquête a défrayé la chronique à sa sortie : les scores des élèves français ont fait l'objet de plusieurs articles de presse au regard de leurs piètres résultats.

Exemple d'exercice issu de TIMSS 2011 CM1 « Plus grande fraction »

Laquelle de ces fractions est plus grande que $\frac{1}{2}$?

A. $\frac{3}{5}$ B. $\frac{3}{6}$ C. $\frac{3}{8}$ D. $\frac{3}{10}$

Que faut-il retenir de cette enquête ?

La France se situe en queue de peloton dans les résultats européens, mais aussi sur l'ensemble des 49 pays concernés. Mais ce n'est peut-être pas le point le plus inquiétant. Les scores sont classés en différents quartiles et le quartile le plus faible des résultats en mathématiques concerne 44% des petits Français au lieu des 25% attendus ! Comme pour l'enquête PISA, TIMSS nous démontre qu'en France la proportion d'élèves en difficulté est plus importante que dans les autres pays et plus impactée par l'origine sociale.

L'enquête fait un point sur les temps d'enseignement des mathématiques à l'école. En Europe, la moyenne déclarée est de 158 heures contre **193 heures** déclarées en France (ce qui est au-dessus des horaires officiels !). On ne peut donc pas corréler strictement la réussite aux nombres d'heures d'enseignement, comme certains l'invoquent régulièrement, d'autres pays réussissant mieux avec moins d'heures.

Le deuxième point à retenir de cette étude est que les enseignants français sont plus nombreux que leurs homologues européens à se sentir peu à l'aise dans cet enseignement, en particulier quand il s'agit d'améliorer la compréhension des mathématiques des élèves en difficulté, ou de donner du sens aux apprentissages mathématiques. Quant à la formation, l'enquête révèle un déficit de formation des enseignants français par rapport à la moyenne européenne. En tant qu'enseignant, faites le test : de combien d'heures de formation en didactique des mathématiques avez-vous bénéficié ces dix dernières années ? Pour information, un enseignant à Singapour reçoit 400 heures de formation initiale en mathématiques et 100 heures par an de formation continue !

« Timss : La France en queue de peloton en maths et sciences. »

Article du Café Pédagogique, nov. 2016

https://huit.re/cafepeda_timss

L'enquête CEDRE

En 2014, cette enquête, pilotée par la DEPP (Division de l'Évaluation, de la Prospective et de la Performance) a mesuré l'évolution des résultats en mathématiques depuis 2008. Les élèves concernés n'ont donc connu que les programmes scolaires de 2008.

Plusieurs points méritent notre attention :

⇨ Le pourcentage d'élèves en difficultés augmente entre 2008 et 2014 : **+1,3%**

⇨ **42,4 %** des élèves ont une maitrise fragile des mathématiques, voire de grandes difficultés.

⇨ L'enquête révèle qu'il y a une forte corrélation entre l'origine sociale et les performances, mais surtout que ce phénomène s'accentue ! Il y a une hétérogénéité des élèves de CM2.

Il faudra prêter attention aux résultats de la prochaine édition pour surveiller l'évolution de ces indicateurs importants.

Les représentations des élèves

Le rapport des élèves aux mathématiques est propre à chacun. Les mathématiques dans la vie quotidienne étant relativement obscures, les représentations des élèves se construisent socialement (en famille), mais surtout dans le cadre scolaire. Lorsqu'on demande à des élèves d'école primaire ce que les mathématiques sont pour eux, les réponses sont assez homogènes[7], tournant autour de l'activité menée en classe : *les opérations, les nombres, faire des exercices, faire le fichier…* Cela démontre un rapport à la discipline très faussé, loin de l'idée que faire des mathématiques, c'est aussi réfléchir.

Pour beaucoup d'élèves, il y a une désaffection - voire une crainte - des mathématiques qui s'installe au fur et à mesure de la scolarité. L'évaluation PISA a démontré que, pour les mathématiques, « anxiété » et « mauvais résultats » étaient corrélés. L'appréhension envers la discipline est peut-être liée au fait que, dans notre pays, c'est une matière de sélection scolaire.

Certains élèves, sous l'influence de leurs proches ou par une auto construction à l'épreuve de la classe, pensent qu'être « *bon en mathématiques* » serait génétique. Ils témoignent souvent d'un sentiment d'incompétence et de peu d'estime de soi. Ces phénomènes sont plus importants encore chez les filles. Il y a un lien entre le sexe et la réussite en mathématiques, avec souvent un décalage entre garçons et filles. Les filles sont moins enclines au lycée à poursuivre des études scientifiques à niveau équivalent ou supérieur aux garçons. Dans les appréciations scolaires liées aux

---

[7] Interrogation menée dans plusieurs classes et lors d'une liaison interdegré.

mathématiques, certains mots sont plus fréquents dans les bulletins des filles, et les appréciations varient selon le sexe du professeur. Au final, ces différences impactent la réussite des filles et leur estime d'elles-mêmes. Inversement, au-delà de ces phénomènes, on trouve des élèves passionnés, performants et pour qui cela semble « facile ».

Le documentaire d'Olivier Peyon « Comment j'ai détesté les maths ! » démontre parfaitement cette relation de haine – ou de passion – vis-à-vis des mathématiques.

« Comment j'ai détesté les maths ! »

Article du site CNRS – Images des mathématiques

https://huit.re/film_maths

De nombreux auteurs ont interrogé ces questions des représentations et du rapport aux mathématiques. On peut même le constater en classe : les élèves développent des stratégies d'évitement lorsqu'ils ne sont pas à l'aise ou angoissés par l'activité mathématique : ils regardent ailleurs, tripotent le matériel ou se réfugient derrière un *« je ne comprends rien »*. Il est difficile de quantifier l'impact des représentations sur les acquisitions des élèves, mais incontestablement, ce rapport aux mathématiques a un enjeu fondamental, d'autant plus pour les élèves issus de milieux défavorisés ! Et ce rapport se construit à l'école et avec les parents…

Noémie Courtais @Noemie_Courtais · 2 min

En réponse à @Noemie_Courtais @Nicolaspinel76

2 -La plupart des élèves qui serraient les dents lorsqu'ils entendaient le mot "mathématiques" sont maintenant enjoués... Une transformation

Témoignage sur Twitter d'une enseignante en ULIS.

LES ENSEIGNANTS ET LES MATHÉMATIQUES

Pour un certain nombre de professeurs, enseigner les mathématiques consiste globalement à démontrer un savoir puis à faire s'exercer les élèves, dans le schéma classique d'une leçon : découverte, leçon, exercices, évaluation, puis de passer à une autre leçon. Cela peut sembler caricatural…mais l'est-ce tant que ça ? Diverses enquêtes et chercheurs nous renseignent sur les enseignants et les mathématiques.

Ainsi, sur la façon dont on enseigne les mathématiques, certains n'hésitent pas être très critiques, comme Christian Mercat (Professeur en ESPE et directeur de l'IREM de Lyon) : « *La manière dont on les enseigne ne permet pas aux élèves de faire des maths* ». Michel Artigue (2011) souligne que, trop souvent, c'est un enseignement peu stimulant et conçu comme trop formel, centré sur l'apprentissage de techniques qui ne font pas sens pour les élèves.

L'enquête TALIS

L'enquête internationale TALIS 2013 *(Teaching And Learning International Survey)* concerne les professeurs de collège de 34 pays de l'OCDE. Elle s'intéresse à leur représentation du métier, à leurs pratiques pédagogiques et à leur travail hors classe. Plusieurs remarques émergent de cette enquête et vont intéresser notre réflexion :

- En France, beaucoup plus qu'ailleurs, les enseignants n'observent pas le travail de leurs collègues.

- Les professeurs français utilisent moins les pédagogies dites « actives », comme faire travailler les élèves en groupes, faire travailler sur des projets, utiliser le numérique.

- Les professeurs français pratiquent deux fois moins une pédagogie différenciée selon le niveau des élèves que leurs collègues étrangers.

Du côté des professeurs des écoles

Loin des enquêtes internationales, j'ai mené une modeste enquête auprès de 552 professeurs des écoles majoritairement de l'Académie de Rouen (mais aussi du reste de la France) en janvier 2017. Cette enquête a abordé de nombreux points sur leur enseignement des mathématiques.

Que retenir de cette enquête ?

- Le profil des professeurs des écoles est peu scientifique : seulement 20% sont issus de filières scientifiques et moins de 5% de filière purement mathématique (diplômes de niveaux bac+3 au moins). Ces chiffres rejoignent ceux issus d'autres travaux (Rapports IGEN).

- 44,3% se déclarent « *satisfaits* » de leur enseignement donc plus de 55% ne sont pas totalement satisfaits…

- 15,8 % se déclarent « *en difficulté dans l'enseignement des mathématiques* », dont une partie enseigne en CM.

- 10,1% se déclarent « *peu à l'aise pour préparer leurs séances* ».

Cette enquête met donc en avant un vrai problème de mise en œuvre de l'enseignement des mathématiques dans un certain nombre de classes.

La formation

La **formation initiale** des professeurs varie énormément d'un pays à l'autre. En France, la formation des professeurs se fait à l'ESPE (École Supérieure du Professorat et de l'Éducation). L'année de Master 1 est essentiellement consacrée à la préparation du concours, et l'année de Master 2 se veut plus professionnelle, mais c'est une formation à mi-temps, le reste du temps étant en classe. Pour les professeurs des écoles, cela laisse peu de temps aux mathématiques, avec des estimations entre 40 et 80 heures sur l'ensemble du Master. En 2017, en prévision de l'élection présidentielle, plusieurs sociétés savantes, dont la SMF (Société Mathématique de France), ont réclamé que les professeurs des écoles soient mieux formés aux sciences dès l'ESPE. En comparaison, les professeurs des écoles de Singapour reçoivent 400 heures de formation initiale en mathématiques !

Pour les professeurs du second degré, la formation se partage entre contenus disciplinaires, contenus didactiques, connaissances du système éducatif, initiation à la recherche…elle accorde donc au final, peu de temps à la pédagogie, aux questions psychosociales, aux modalités de travail, à la différenciation, etc.

La **formation continue** ne satisfait pas totalement les enseignants. Elle est limitée et loin de couvrir tous les besoins, car elle est bien souvent destinée à accompagner les réformes qui ébranlent notre système régulièrement. Il n'y a pas le temps d'accompagner des changements profonds auprès d'un grand nombre d'enseignants. Pour avoir sondé plus de 250 enseignants lors d'une conférence, moins du quart de la salle avait eu une formation en mathématique au cours des cinq dernières années…en outre, les formations proposées font souvent le choix d'un domaine, voire d'un point très ciblé et majoritairement sur une entrée didactique. Il n'est jamais envisagé de réflexion sur la globalité de la discipline, dans le cycle, ni sur l'impact de l'aménagement de la classe, des outils choisis, etc.

« Apprentissage des maths : La formation initiale des enseignants n'est pas adaptée ».

Article du Monde du 29/11/2016

https://huit.re/article_monde_maths

L'enseignement des mathématiques (et la formation à cet enseignement) est une vraie problématique. Les professeurs travaillent souvent individuellement. Les professeurs des écoles ont peu de formation disciplinaire en mathématiques, tandis que les professeurs du second degré ont peu de formation pédagogique. Il y a peu de croisements entre les deux. La formation continue, très pauvre, ne permet pas de faire évoluer les choses.

LES OUTILS DE TRAVAIL DES ENSEIGNANTS

Les enseignants disposent d'outils officiels pour les accompagner dans cet enseignement. La mise en œuvre des nouveaux programmes (du cycle 2 au cycle 4) a été accompagnée par la mise à disposition de ressources de qualité sur Eduscol. Toutefois, ces ressources sont arrivées tardivement et ne couvrent pas tous les champs. En outre, elles demandent que les enseignants en aient connaissance et qu'ils se les approprient et les adaptent à leurs propres pratiques, ce qui demande un temps important. D'autres ressources existent, mais sont peu connues des enseignants. Concrètement, les premiers outils utilisés pour préparer la classe sont :

- Internet et plus particulièrement les blogs de professeurs qui proposent conseils, ressources, séances, fiches à imprimer… ces blogs sont de qualité très variable.

- Les manuels et ouvrages pédagogiques plus ou moins didactiques.

D'après un rapport IGEN (2006), 75% des enseignants de cycle 3 utilisent un manuel. L'enquête que j'ai menée en 2017 donne un chiffre de 60,2 % en élémentaire. Il faut savoir qu'en 2015, plus de 120 titres existaient …même si une dizaine de collections monopolisait le marché, en particulier « *J'apprends les maths* » (Editions Retz) et « *Cap maths* » (Editions Hatier). Ces derniers mois, la « méthode de Singapour » a été mise en avant à plusieurs reprises et se développe.

Les enseignants utilisent ces outils de façon exclusive ou combinent au gré de leurs besoins, car bien souvent ils ne sont pas satisfaits des manuels ou fichiers que l'on trouve dans le monde de l'édition.

On peut dresser plusieurs constats :

➔ Constat 1 :

En dépit d'un nombre très important de titres, l'apparence des outils est assez similaire, en termes de format, de graphismes (usages des couleurs, d'icônes, de dessin…), de personnages identificatoires, etc. Pas de choix audacieux malgré des auteurs de talent et le fichier est privilégié…

➔ Constat 2 :

Les choix pédagogiques et didactiques de ces outils sont plus importants et variés qu'il n'y parait. En effet, au premier regard, les ouvrages semblent proches. Il faut prendre le temps d'une comparaison détaillée pour prendre conscience des écarts importants. Le CNESCO (Conseil national d'évaluation du système scolaire) a mené ce travail et les constats sont édifiants. Le nombre de séances sur un domaine donné peut varier énormément, de même que la place dans l'année d'une notion. Par exemple :

- *en CE2, la place accordée au domaine « Nombres et calculs » peut varier de 37 % du total de la pagination à 67 % selon le manuel scolaire choisi, ce qui impacte les connaissances à l'entrée en CM1.*
- *Un manuel de CM1 introduit les fractions en octobre et leur consacre 8 séances, alors qu'un autre manuel les introduit en février et leur consacre 21 séances.*

➔ Constat 3 :

Les manuels et fichiers des écoles sont associés à des guides du maitre de lisibilité très variable et pas toujours utilisés par les enseignants comme ils le reconnaissent souvent eux-mêmes. Or, sans la lecture de ces outils, l'objet manuel / fichier est complètement dévoyé.

➔ Constat 4 :

Les manuels et fichiers peuvent être contreproductifs. Ainsi, le CNESCO se montre critique :

« *Le support-fichier oriente de manière très importante le travail des élèves, contraints d'entrer la plupart du temps dans un format unique de réponse, dans un espace parfois très limite réservant peu de place pour la recherche de diverses solutions ou plus largement pour des essais de procédures* »

Par exemple, certains manuels proposent un travail sur la pesée à partir de dessins représentant des balances de Roberval. Selon le dessin, les élèves doivent déduire l'objet le plus lourd, la masse, etc. Mais est-on sûr que l'élève ait auparavant pris le temps de manipuler une vraie balance, de comprendre que le rapport entre volume et masse n'est pas celui qu'ils avaient imaginé, qu'à matière identique, deux objets peuvent avoir la même masse alors qu'ils ont une forme totalement différente ? Sous la pression « temporelle » de finir le programme, sous la contrainte du manuel ou du fichier qui « fait perdre du temps » par sa manipulation et sa compréhension, l'enseignant peut sauter ces étapes…étapes didactiques incontournables !

En outre, plusieurs chercheurs (André Tricot notamment) soulignent que ces ressources peuvent être inefficaces par leur forme : excès d'informations inutiles ou décoratives, défaut de lisibilité, impossibilité pour l'élève de rendre les informations intelligibles, etc.

"Les manuels scolaires de mathématiques à l'école primaire."

Dossier du CNESCO – novembre 2015

https://huit.re/dossier_cnesco

C'est parce qu'une majorité des enseignants des écoles utilisent ces outils[8] qu'il faut avoir conscience de leurs limites. Ces inconvénients ont alimenté la réflexion dans la conception de la méthode heuristique.

[8] D'autres enseignants, bien sûr, utilisent des outils pertinents, comme la recherche ACE…

Ateliers CE1/CE2.

Construction du flocon de Von Koch en CM.

Chapitre 3. Réflexions initiales

Précédemment, nous avons dressé de nombreux constats. Même s'ils peuvent sembler rapides, voire à l'emporte-pièce, et qu'ils n'abordent pas la totalité des facettes du problème, force est d'admettre qu'il est nécessaire de changer les choses. Il n'est pas normal que des élèves aient peur de faire des mathématiques, même si cela ne concerne qu'une minorité. Il n'est pas acceptable que l'on creuse les inégalités. Il est frustrant que les résultats des élèves ne soient pas à la hauteur des énergies investies…je propose donc d'enseigner les mathématiques autrement, de repenser la façon de mener les séances de mathématiques au quotidien.

Un enseignement rénové des mathématiques ne peut pas être autocentré. Il y a beaucoup à apprendre de la recherche, de nos collègues à l'étranger. Sans chercher à reproduire tel ou tel modèle, il y a de bonnes idées à prendre ailleurs, à condition de les analyser et de les adapter.

Ainsi, PISA a révélé l'évolution remarquable de la ville de Singapour passée en vingt ans des dernières places du classement aux premières. Au-delà d'une culture forte des cours privés le soir pendant lesquels les élèves étudient à nouveau, et au-delà d'une culture investissant davantage l'éducation, Singapour a peut-être d'autres secrets dont on pourrait s'inspirer. En effet, quand on dissèque l'évolution des résultats, certaines données émergent :

- Des choix politiques ambitieux ont été faits, en accord avec un investissement conséquent.

- Une continuité des politiques éducatives a été mise en œuvre.

- Le statut des enseignants singapouriens a été revu : ils sont parmi les mieux payés au monde, mais ils sont soumis à une évaluation régulière, et ils disposent d'une formation continue très importante.

- Le modèle a davantage été axé sur la créativité et l'autonomie des élèves que sur la transmission des connaissances.

De façon globale, il y a en Asie une exigence de résultats vis-à-vis des élèves. Une importance forte est donnée à l'école et aux apprentissages, comme en témoigne l'existence de nombreux cours du soir. L'école y est encore considérée comme la voie royale pour obtenir un emploi. En outre, les programmes sont généralement moins chargés qu'en France et moins centrés sur la théorie. De façon plus pragmatique, en classe, les enseignants asiatiques ont davantage recours aux supports visuels, à une démarche de recherche, à l'observation de leurs collègues …

Sur certains points, il faudrait donc un changement de politique et une volonté forte.

Pour autant, faut-il ne rien faire et attendre ? Pas du tout. L'enseignant, dans sa classe, a déjà les moyens de faire évoluer les choses et c'est tout l'objet des réflexions développées dans cet ouvrage.

« Changer l'école ou changer de politique éducative ? »

Dossier « Qu'est-ce qui fait changer l'école » des Cahiers Pédagogiques

https://huit.re/changer_ecole

El Pétit Prince @Ptiprince1 · 34 s
En réponse à @Noemie_Courtais @Nicolaspinel76
Hihi quand je dis aux miens "allez on fait des maths", j'entends des "ouaisss" quel bonheur #MHM
1 1

Témoignage d'un enseignant sur la méthode.

UN ENSEIGNEMENT RÉNOVÉ

Un changement de pratiques est donc nécessaire. Certains sont assez radicaux dans leurs propositions, à l'instar de Conrad Wolfram. Cet Américain propose un programme rénové de l'enseignement des mathématiques, basé sur l'utilisation de l'ordinateur et l'enseignement de la programmation. Sa réflexion initiale se base sur le décalage entre les mathématiques enseignées à l'école et celles que l'on utilise dans la vie quotidienne. Ainsi, plutôt que de s'escrimer à apprendre des techniques qu'il juge inutiles, comme la division posée, il préconise des exercices plus stimulants intellectuellement.

« Enseigner les vraies mathématiques aux enfants avec l'ordinateur. »

Conférence TED de Wolfram Conrad (vidéo)

https://huit.re/video_wolfram

Sans aller jusque-là, car clairement ni nos politiques ni notre société n'y sont prêts (alors que la Slovénie a adopté ce programme !), il semble indispensable de repenser l'apprentissage, en le rendant moins abstrait et plus ancré dans le réel.

Ma conviction est que cet enseignement rénové doit se mettre en place dès le plus jeune âge. Un élève doit sortir d'école primaire avec un sentiment de réussite en mathématiques, et une appétence certaine pour la discipline. Il faut redonner de l'optimisme et de l'envie, cœur de la motivation ! On a ainsi plus d'une douzaine d'années pour bâtir des fondations solides, développer des capacités de conceptualisation et de réflexion mathématiques, ne pas se focaliser sur les techniques (opératoires ou les « astuces » données pour qu'ils parviennent à réaliser telle ou telle technique mathématique), mais baser son enseignement sur la réflexion et une utilisation intelligente des connaissances acquises.

LA BASE DE LA MÉTHODE

La méthode s'est construite sur une base solide. C'est elle qui constitue le cœur de la méthode. Elle tient en **trois points** : un socle de fondamentaux, des bases scientifiques et didactiques, une pédagogie au service de l'enseignement des mathématiques.

➔ Un socle de fondamentaux

Par fondamentaux, j'entends :

- Des valeurs : éducabilité et bienveillance. Ces valeurs devraient être au cœur de toute pratique enseignante, mais il est nécessaire de les rappeler.

- Une réflexion sur l'évaluation au cœur de toute démarche d'enseignement.

- Une redéfinition du rôle des enseignants dans la classe, mais aussi des parents. Même si cela va sembler pour beaucoup des évidences, il est nécessaire de remettre à plat le rôle de chacun.

Ces fondamentaux peuvent sembler des évidences. Il est non seulement nécessaire de les rappeler, mais surtout d'en faire une réalité dans le quotidien de la classe.

➔ Des bases scientifiques et didactiques

Un enseignement rénové des mathématiques doit être construit sur des bases didactiques et pédagogiques solides, à partir des recherches récentes. Ainsi, il ne faut pas occulter les apports, récents et intéressants, des neurosciences, mais au contraire s'appuyer dessus. Cette méthode est une synthèse pragmatique des sciences de l'éducation, des connaissances en psychologie cognitive, en neurosciences et en didactique des mathématiques. Il existe de nombreuses recherches françaises et étrangères qui semblent méconnues des enseignants alors qu'elles devraient faire partie d'une culture commune.

➔ Une pédagogie au service des mathématiques

Comme le dit Michel Fayol[9], il faut mettre autant l'accent sur les mathématiques comme discipline que sur la manière de les transmettre. La méthode postule que la rénovation de cet enseignement doit se faire par une mise en œuvre pédagogique différente, dynamique et active.

Les outils des enseignants et des élèves méritent donc d'être repensés. N'est-il pas absurde que des enfants de CP complètent des fichiers dans lesquels il faut colorier des formes, compter des pommes… ? Ce qui est en fait particulièrement abstrait et tellement éloigné de la manipulation et de l'expérimentation auxquelles on devrait confronter ces élèves ! Comment croire qu'ils sont en train d'avoir une réelle activité cognitive source d'apprentissage ? Que les mêmes contenus, tant qualitativement que quantitativement, soient proposés à une classe alors que nous connaissons tous l'hétérogénéité de n'importe quelle classe ?

L'usage unique et exclusif d'un fichier est ainsi clairement à bannir. Les élèves doivent percevoir que les mathématiques sont complexes, demandent réflexion et qu'on les comprend par l'action. Cette démarche s'inscrit aussi dans une démarche élargie sur le rapport des élèves aux apprentissages et la prise de conscience qu'apprendre peut demander des efforts.

D'autres modalités de travail doivent alors être mises en œuvre et permettre à l'élève de changer son regard sur les mathématiques, mais aussi d'entrer dans des apprentissages exigeants.

---

[9] Propos rapportés dans le hors-série n°278 de « Science&Vie »

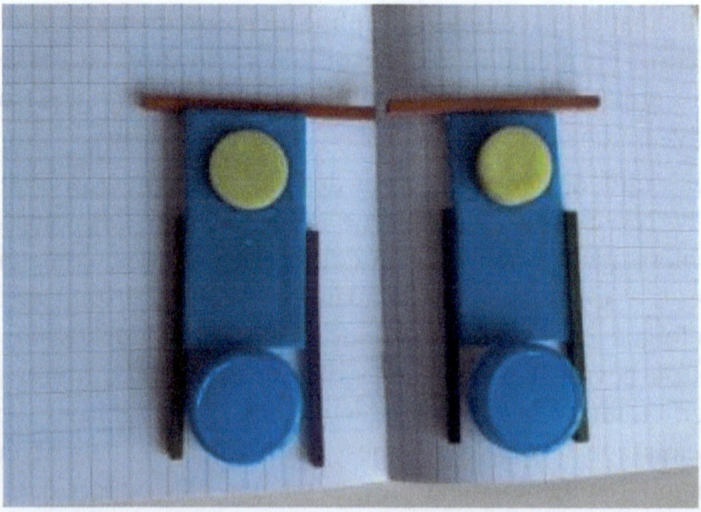

La symétrie, dans le cahier et avec du matériel, CE1.

Activité de géométrie dans l'espace, CM1.

Chapitre 4. Un socle de fondamentaux

L'ÉDUCABILITÉ

Qu'est-ce que le **principe d'éducabilité** ?

Ce principe postule que tout élève est éducable, quel que soit son potentiel de départ. En effet, il ne suffit pas de transmettre un savoir pour que les élèves apprennent, car ils sont soumis à des contraintes cognitives, affectives, sociales…différentes. Pour que les élèves apprennent, il semble évident qu'on ne peut pas utiliser les mêmes méthodes avec tous. Si notre enseignement propose un chemin unique, les élèves ne vont pas tous le suivre spontanément ni au même rythme, car ce chemin n'est pas forcément adapté à eux…

Enseigner autrement les mathématiques pour que TOUS réussissent, c'est d'abord postuler explicitement l'éducabilité de tous les élèves. Certains vont dire : on le fait déjà… Incontestablement, les professeurs travaillent, préparent leur classe consciencieusement, cherchent des solutions pour aider ces élèves qui ne rentrent pas dans le moule, mais, pour autant, la réalité est parfois dure. Les résultats des différentes évaluations en témoignent. On peut en attribuer la responsabilité au manque de moyens, mais ce n'est pas qu'une question de moyens. D'autres pays creusent beaucoup moins les écarts entre les différentes classes sociales avec un investissement par élève équivalent ou moindre. La responsabilité est collective. Elle incombe aussi au pilotage de notre système, à une politique éducative changeante, et surtout à un manque de formation des enseignants…

De fait, les enseignants, soumis à trop de contraintes, ont parfois perdu l'horizon de l'éducabilité. En postulant l'éducabilité de tous nos élèves, nous prenons nos responsabilités. Il ne faut pas se leurrer en attribuant les échecs rencontrés aux seules causes extérieures (*c'est la faute de l'élève, de ses parents, de son milieu social, de l'absence d'aides spécialisées, des classes surchargées, du manque de moyen, bref du système…*).

Pour certains enseignants, cela peut sembler lourd à porter, en imposant une trop grande pression. Mais au contraire, il faut y voir la possibilité que les choses puissent évoluer positivement, que cette réussite soit possible.

Le pari de l'enseignant est alors de mettre en œuvre toutes ses compétences pour parvenir à ces buts et de le faire en équipe, en faisant appel à l'intelligence collective.

« Le pari de l'éducabilité. »

Interview de Philippe Meirieu (vidéo)

https://huit.re/interview_meirieu

Les apports de la neuroéducation[10] nous explicitent qu'il ne faut pas être fataliste. Rien n'est figé à la naissance. La plasticité cérébrale permet au cerveau d'évoluer, de se créer de nouvelles connexions à tout âge.

« L'incroyable plasticité du cerveau humain. »

Philippe Fait, conférence TEDx (vidéo)

https://huit.re/conference_fait

[10] Approfondi au chapitre 5.

LA BIENVEILLANCE

La loi d'orientation de l'école puis les nouveaux programmes ont mis le terme de « bienveillance » au cœur de leur philosophie. Mal interprété, détourné, voire moqué, le terme est mal compris. Il faut comprendre le concept dans toute sa complexité. Certains le qualifient de « concept mou » alors que bien au contraire, on peut clairement le définir. Un enseignement bienveillant, et par extension une école bienveillante vont répondre à plusieurs critères :

- Offrir un **cadre rassurant** où l'élève se sent en sécurité (affective et intellectuelle).

- Offrir un **espace relationnel sain** où les relations entre adultes, entre élèves, sont respectueuses, inscrites dans une confiance réciproque : ni défiance, ni injustice, ni mépris, mais de l'empathie, de l'entraide, de la coopération. C'est un espace dans lequel l'élève sent qu'on se préoccupe de lui en tant qu'individu.

- Offrir un **espace pédagogique** dans lequel l'élève se sent reconnu, où il peut développer ses compétences scolaires et sociales en confiance.

- Offrir un **cadre exigeant** : en reconnaissant les difficultés et capacités de progrès de chacun (dans toute leur complexité, en considérant l'élève dans toutes ses dimensions : sociales, cognitives, culturelles…), en cherchant à stimuler, en étant ambitieux…

L'enseignant peut aussi s'appuyer sur **l'effet Pygmalion,** mais aussi sur les recherches en neurosciences affectives et sociales. Les travaux de Catherine Gueguen sont éclairants sur les émotions des enfants et leur impact sur leurs apprentissages.

« L'effet Pygmalion. »

Valérie Strohmenger, aimer enseigner (vidéo)

https://huit.re/pygmalion

La classe doit être un endroit où tous les élèves se sentent bien et dans lequel ils ont le sentiment qu'ils peuvent réussir. Une ambiance stimulante et bienveillante à l'école facilite l'apprentissage. Cela doit être encore plus net en mathématiques au regard des appréhensions des élèves. Beaucoup de parents et d'enfants pensent qu'il faut avoir un don pour réussir en mathématiques, comme si c'était inné. C'est évidemment un problème quand les élèves attribuent leur réussite ou leur échec à cette aptitude plutôt qu'à leurs efforts. Or c'est totalement faux.

Il y a un lien prouvé entre la réussite des élèves en mathématiques et leur attitude à l'égard de cette discipline. S'ils ont confiance en leur capacité à réussir, cela aura un impact sur leurs performances. Un environnement bienveillant doit directement contribuer à cette confiance en leur sentiment d'auto efficacité.

L'ÉVALUATION

L'évaluation est au cœur des choix pédagogiques des enseignants. Elle accompagne et pilote l'enseignement en classe. Si l'enseignant reste axé sur une évaluation majoritairement sommative, il montre implicitement aux élèves qu'il accorde de l'importance au résultat, pas au processus. Combien d'élèves échouent ainsi en résolution de problèmes parce que le résultat n'est pas juste, voire que la phrase réponse est mal rédigée alors qu'ils ont effectué la bonne démarche ? Ce qui compte ne devrait-il pas être le processus, la capacité à réfléchir, et in fine, la compréhension du problème ?

La méthode d'évaluation la plus répandue, dite « *traditionnelle* », est clairement sommative. Qu'on l'appelle contrôle, évaluation ou devoir, elle vient au terme de l'apprentissage d'une notion (d'une séquence d'enseignement). Les recherches en docimologie ont montré tous les travers de l'évaluation sommative, dont le but implicite est surtout de comparer, voire de classer les élèves.

Elle présente un certain nombre d'inconvénients :

- Elle est génératrice de stress pour les élèves, avant, pendant et après l'évaluation. Ce stress peut être bloquant et provoquer des erreurs. Combien de fois avez-vous vu des élèves se tromper dans une évaluation sur une compétence qu'ils maitrisent parfaitement hors évaluation ?

- Elle ne tient pas compte des différences entre élèves. Très souvent, c'est la même chose qui est demandée pour tous les élèves.

- Elle manque d'objectivité : d'une classe à l'autre, d'un élève à l'autre, d'une école à un autre…le même professeur corrigeant la même évaluation en aura une appréciation différente à quelques semaines d'intervalle. L'image que l'on se fait de l'élève joue un rôle non négligeable dans l'évaluation. Cette subjectivité va loin : Pierre Merle a montré que des professeurs de lycée arrangent les notes selon le niveau d'études, le type d'établissement, la section, la discipline et les caractéristiques sociodémographiques des élèves (âge, sexe, origine sociale).

- Elle ne renseigne pas forcément sur la réalité des apprentissages des élèves, mais sur les performances à un moment donné.

- Les élèves ont une faible compréhension de ce qu'on attend d'eux réellement, d'où des réponses qui semblent parfois incohérentes, mais qui s'éclaircissent lorsqu'ils nous expliquent ce qu'ils pensent…

Une évaluation « traditionnelle » sert-elle donc réellement la construction des apprentissages ? N'a-t-elle pas une vision ponctuelle ? N'est-on pas plus exigeant dans une évaluation au long cours ?

Il faut faire changer le regard des élèves sur l'évaluation. Trop d'élèves n'attendent qu'une seule chose : savoir s'ils ont réussi ou non, réussite attestée par la note, le « *point vert* », l'« *acquis* » ... Et bien souvent ils ne s'attardent même pas sur les commentaires que le professeur a pu mettre sur l'évaluation.

L'évaluation peut être pensée de différentes façons, mais l'important reste toujours que la forme d'évaluation choisie soit cohérente avec les démarches d'enseignement.

C'est pourquoi la méthode heuristique fait des choix clairs. Dans le cadre d'un enseignement bienveillant, pensé autour de l'éducabilité des élèves, la place et les modalités de l'évaluation sommative sont nécessairement à repenser.

Notre système scolaire est ainsi extrêmement violent pour les élèves. Il est adapté aux « bons » élèves, mais ne sait pas composer avec les élèves en difficulté, les élèves timides, les élèves désintéressés[11]...pour qui ces commentaires et ces modes de notations sont difficilement compréhensibles.

L'évaluation sommative ne devrait donc être conservée que pour ce à quoi elle sert : marquer des étapes clés : fin de l'année scolaire, validation du socle, diplôme, etc.

« L'évaluation formative au collège Henri Barbusse. »

Le réseau des LéA (vidéo)

https://huit.re/exemple_evaluation

Le rapport à l'erreur

L'évaluation ne peut être détachée d'une réflexion sur le rapport à l'erreur. Or celui-ci est souvent problématique.

L'étude d'évaluations d'élèves, que ce soit à l'école primaire ou au second degré offre souvent les mêmes constats :

- Présence de commentaires sous forme de jugement de valeur « *Maladroit...tu aurais pu faire mieux...tu n'as pas fait assez d'efforts...* »

[11] Et les élèves dys-, précoces, etc.

- Majorité de commentaires soulignant les oublis, les erreurs…

- Aspects négatifs plus mis en avant que les aspects positifs

- Imprécision du vocabulaire : que veut dire un « assez bien » ? Un « Vu » griffonné dans la marge d'un cahier ?

Ces constats témoignent d'une mauvaise compréhension des erreurs que les élèves ont pu commettre. Or ne pas comprendre les erreurs signifie ne pas pouvoir y remédier.

Astolfi a proposé une typologie des erreurs : erreurs relatives aux consignes, erreurs résultant d'habitudes scolaires, liées aux opérations intellectuelles, sur les démarches, etc.

« Typologie des erreurs et remédiations. »

Document de M-F Vespier, stage AEFE.

https://huit.re/typologie_erreurs

L'évaluation dans la méthode

La méthode heuristique s'appuie sur tous ces constats pour une évaluation repensée. L'évaluation y est quasi-continue, majoritairement formative et l'élève en est acteur.

Son rôle majeur est alors de réguler les apprentissages, tant pour l'élève (en lui permettant de savoir où il en est) que pour l'enseignant (en lui permettant d'adapter son enseignement).

L'évaluation va s'appuyer sur des **critères explicites** et partagés avec les élèves. Il s'agit d'annoncer clairement les choses.

Par exemple au CE2 : « *Tu peux considérer que tu connais tes tables de multiplication si tu es capable de restituer le résultat d'un produit (3 x 7 = ?), ou le facteur manquant (4 x ? = 24) dans neuf cas sur dix.* »

L'évaluation formative, ainsi pensée, pourra alors permettre à l'enseignant et à l'élève d'échanger, de verbaliser les réussites et les difficultés. Ils pourront alors mesurer, ensemble, le chemin qui reste à parcourir.

Sur le rapport à l'erreur, en fournissant régulièrement des rétroactions sur les tâches mathématiques des élèves, ces erreurs deviendront un levier pour améliorer l'apprentissage. L'erreur ne sera alors plus une marque d'anormalité, mais un élément du processus d'apprentissage.

On doit privilégier les **évaluations formatives** (en cours d'apprentissage) qui aident les élèves et pilotent les apprentissages. Les évaluations sommatives doivent être conservées uniquement pour marquer les étapes de la scolarité, tout en n'étant qu'une photographie à un instant donné dans un contexte (*de stress*) particulier.

La mise en œuvre concrète de ces choix est détaillée dans le chapitre 6.

LE RÔLE DE L'ENSEIGNANT

L'enseignement ne peut plus se vivre comme une simple situation de transmission, comme nous l'avons vu antérieurement. Il ne suffit pas d'enseigner pour que les élèves apprennent, n'en déplaise à certains qui osent encore dire qu'il suffit que l'élève écoute et apprenne pour qu'ils réussissent. En postulant qu'un savoir ne peut s'acquérir que si on le construit, on voit donc qu'il faut changer de paradigme. L'enseignant devient alors un **médiateur de savoirs** : il va élaborer et mettre en œuvre des scénarios pédagogiques permettant aux élèves de développer les compétences visées.

Cette posture peut être un changement radical pour certains enseignants. Or on sait qu'un enseignant ne change pas de posture sur « simple commande ». Il doit avoir pris conscience de la nécessité de le faire, être associé aux choix et participer activement à ce changement. Cette nouvelle posture peut demander aussi de **lâcher prise**, d'accepter de ne pas avoir le contrôle total. Ainsi, en laissant parfois les élèves « patauger », au lieu de se précipiter avec une injonction quelconque, on découvre parfois à quel point ils peuvent nous surprendre.

Pour concourir à cette **nouvelle posture**, il va falloir que l'enseignant joue davantage entre différents actes professionnels :

- **L'explicitation** : l'enseignant joue un rôle fondamental dans la passation des consignes notamment. Il doit alors être explicite au sens premier du terme : être clair, concis, lever les ambigüités et malentendus possibles.

- **L'observation** : en prenant le temps d'une observation attentive, on est plus à même de comprendre les fonctionnements des élèves et in fine de s'adapter à leurs rythmes d'apprentissage différents.

- **Le guidage, l'étayage** : l'idée que les élèves vont « *trouver tout seul* » est un mythe. Ils ont besoin d'être guidés, d'être parfois aidés pour démarrer, pour comprendre, voir ce qu'ils n'ont pas vu, mettre des mots sur ce qu'ils essaient de comprendre…le guidage ce n'est pas souffler la bonne réponse, c'est construire un espace d'apprentissage qui permette d'y parvenir avec une autonomie maximisée…

Il s'agit d'alléger la charge cognitive, et in fine de diminuer le nombre de décisions à prendre lors de la réalisation d'une tâche.

- **Une posture empathique** : en faisant preuve d'empathie, l'enseignant a un impact direct sur la motivation et les compétences des élèves.

« Les postures, manières langagières et cognitives de s'emparer d'une tâche. »

Dominique Bucheton (vidéo)

https://huit.re/postures

En tant que médiateur de savoirs, l'enseignant va devoir construire des situations d'apprentissages, variées, utilisant des outils et supports divers. Par exemple, le travail de groupe ne se décrète pas et n'a pas tout le temps de plus-value. Il ne s'agit pas de faire du travail de groupe pour faire du travail de groupe. Cela doit être appris aux élèves et répondre à un objectif précis. Et il ne s'agit pas « juste » d'une table ronde autour de laquelle sont assis des élèves qui font chacun une tâche individuelle. Le travail en groupe aspire à un travail collaboratif et se nourrit de l'idée que la confrontation des esprits va aider chacun des élèves dans la construction de son apprentissage. Mais le travail de groupe pose des problèmes de gestion de classe, d'organisation qu'il faut résoudre en amont.

LE RÔLE DES PARENTS

L'enseignant n'est pas seul pour œuvrer à la réussite de ses élèves. De nombreuses recherches scientifiques démontrent que l'engagement des parents est étroitement lié aux chances de réussite scolaire de leurs enfants.

Une relation de confiance et une compréhension mutuelle entre les parents et l'école constituent un enjeu déterminant.

L'enseignement des mathématiques joue un rôle particulier dans cet engagement, car c'est un enseignement sur lequel les parents jettent un regard particulier. Qui n'a pas eu un parent excusant les difficultés de son enfant avec un « *Vous savez, j'étais nul(le) en maths aussi...* » ?

Il faut changer d'approche. Actuellement, la place des parents n'est pas claire. Globalement, on fait appel à eux quand on en a besoin (pour accompagner une sortie, pour financer un projet, pour encadrer une activité…), ou pour leur demander de faire ce qu'on estime être leur devoir, mais on ne souhaite pas trop les voir à l'école, notamment par peur du jugement. Inversement, il faut reconnaitre que travailler avec les parents n'est pas chose aisée, et les professionnels non formés.

Dans un contexte où les milieux familiaux sont plus complexes qu'avant (familles monoparentales, recomposées…), un certain nombre de faits peuvent éclairer notre compréhension de cette relation :

- Les familles n'ont pas toutes les mêmes capacités pour aider leurs enfants, ce qui est particulièrement vrai dans les matières fondamentales.

- Les familles estiment leur propre niveau de compétence de façon très variable, parfois pouvant se situer au-dessus de celui du professeur. La critique est « facile » et à la mode !

- La distance que les familles instaurent avec l'école est liée à leur catégorie socioprofessionnelle. La précarité éloigne de l'école. L'école entretient cette distance par l'usage d'un vocabulaire peu accessible (que l'on retrouve par exemple dans les livrets donnés aux élèves).

- L'image que les familles ont de l'école se construit sur un amalgame entre leur propre vécu d'élèves, leur connaissance du milieu scolaire (*premier enfant ou non*) et l'image transmise par les médias.

Un parent qui manifeste, consciemment ou non, auprès de son enfant qu'il n'a pas confiance en l'enseignant, c'est un enfant qui n'investit pas totalement les apprentissages. Il faut donc remédier à ces faits qui sont déclencheurs de malentendus et de quiproquos.

La méthode propose **deux axes** pour renforcer le rôle des parents :

- **Engager un véritable dialogue** de coéducation avec les parents. Pour cela, lors des rencontres avec les parents, prendre le temps d'aborder la question de l'enseignement des mathématiques, en évitant le vocable jargonnant. Il faut briser les mythes (« *J'étais nul, donc il sera nul.* », « *C'est difficile !* » …) et expliciter le lien entre les mathématiques et la vie de tous les jours. Le projet, appelé « promenade mathématique » (chapitre 8) est aussi prévu dans cet objectif.

Il faudra aussi leur rappeler la place de chacun, notamment qu'ils ne sont pas là pour « jouer au professeur », qu'ils doivent faire confiance et ne pas proposer « d'autres méthodes », car c'est fréquent en mathématiques (et il ne faut pas juste l'imposer, mais leur expliquer le pourquoi !).

- **Leur donner des outils** pour participer à la scolarité des enfants : ne pas en faire de simples exécutants des devoirs, mais leur donner un rôle réel et surtout accessible. Le travail personnel (= devoirs à la maison) fait partie de la méthode[12]. Il faut le présenter aux parents, leur dire clairement ce qu'on attend d'eux. On peut les encourager à jouer avec leur enfant, en mettant en évidence les liens entre les compétences nécessaires au jeu et les apprentissages mathématiques. Cette explicitation est une expertise de l'enseignant qui peut se mettre en place par exemple lors d'une demi-journée « jeu de société ».

[12] cf. chapitre 8

Cahier des nombres fabriqué en début d'année de CP.

Il retournera dans les familles une fois fini pour être mis en valeur.

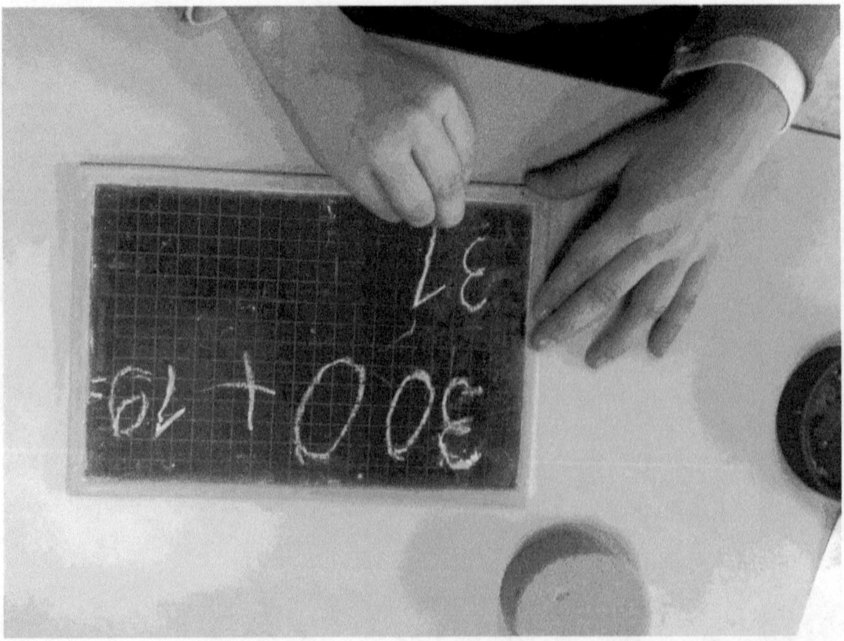
300 + 19=
31

Chapitre 5. Quels appuis scientifiques ?

L'enseignant doit être convaincu que tous les élèves peuvent accéder aux compétences mathématiques, comme le postulat d'éducabilité le stipule. Mais pour cela, il doit avoir conscience de son rôle. Toutes les pratiques ne sont pas équivalentes. La méthode a essayé de faire la synthèse des études convergentes. Faire la synthèse de recherches dont la liste est monumentale signifie faire des choix. Ces choix ont été affinés et confortés par l'expérimentation.

LA MÉTA-ANALYSE DE JOHN HATTIE

Il existe de très nombreuses recherches qui ont étudié l'efficacité des pratiques enseignantes, de façon générale ou en lien avec les mathématiques.

Ainsi, le chercheur néozélandais John Hattie a-t-il cherché à répondre à des questions fondamentales autour des effets positifs sur les apprentissages de telle ou telle approche d'enseignement. Il a mesuré les facteurs ayant un impact sur la réussite scolaire.

Il s'est livré pendant 15 ans à une synthèse de plus de 50 000 études universitaires, concernant au total plusieurs dizaines de millions d'élèves. Cette étude connue sous le nom de « *Visible Learning* » est une étude quantitative qui ne tient pas compte de certains aspects (sociologique par exemple), mais qui fournit des indicateurs méritant notre attention. Beaucoup de résultats qu'il avance ont été confortés par d'autres chercheurs.

Cette recherche est encore peu connue en France, où nous avons peut-être tendance à rester dans « l'entre soi ».

Le point saillant de cette étude est le **renforcement du rôle des enseignants et de leurs pratiques**.

John Hattie classe ainsi certaines pratiques qui aident et **influencent positivement les apprentissages**, notamment :

- La rétroaction par l'enseignant.
- La relation de confiance entre les élèves et l'enseignant.
- L'utilisation d'évaluations formatives.
- L'autoévaluation des élèves.
- L'adaptation au rythme d'apprentissage des élèves.
- La clarté de l'enseignant.
- L'information des élèves des notions qu'ils sont sur le point d'apprendre (objectifs, compétences à acquérir).
- Le fait de faire le lien entre les nouveaux concepts et les connaissances antérieures.
- L'étalement dans le temps des exercices procéduraux.

« Classement de Hattie : Liste de facteurs pour la réussite scolaire. »

John Hattie « Visible learning »

https://huit.re/johnhattie

AUTRES RECHERCHES

D'autres recherches rejoignent les travaux d'Hattie, notamment dans les pays anglo-saxons. Certaines pratiques y ressortent comme plus efficaces que d'autres :

- Formuler les objectifs.
- Relier le travail fait en classe à la vie réelle.
- Questionner pour obliger les élèves à expliciter leur démarche.

- Encourager les élèves à faire des efforts, à s'améliorer.

Des enquêtes plus spécifiques sur l'enseignement des mathématiques au primaire ont cherché notamment les stratégies d'intervention les plus efficaces. Elles ont mis en évidence plusieurs stratégies qui ont fait leurs preuves :

- **La variété des approches** : il est nécessaire d'utiliser diverses approches mathématiques, d'expliciter les méthodes, les raisonnements. Le langage doit être clair, il faut éviter tout malentendu.

- **L'apprentissage coopératif** : dans l'apprentissage coopératif, chaque élève a un rôle dans l'accomplissement de la tâche. Cela crée de l'interaction entre les élèves, les obligeant à verbaliser, formuler leurs idées. Cela demande un rôle actif de l'enseignant, pour éviter de tomber dans les travers du travail à plusieurs (élèves leaders, élèves passifs)

- **L'instruction directe**, qui désigne l'enseignement explicite au sens canadien du terme (cf. travaux de Steve Bissonnette).

- **La formation des enseignants en mathématiques** (didactique et pédagogie).

- **Les stratégies métacognitives** : il s'agit d'apprendre aux élèves à s'interroger eux-mêmes, à chercher des similarités et différences avec d'autres problèmes abordés précédemment, à s'approprier les démarches de résolution

- **La verbalisation du raisonnement**, qui a un impact positif sur les résultats des élèves.

« Enseigner plus explicitement. »

Dossier ressource de l'Ifé

https://huit.re/dossier_explicite

Ces stratégies font partie de la méthode. Elles lui confèrent une certaine efficacité.

LES APPORTS DES NEUROSCIENCES

Les neurosciences apparaissent de plus en plus dans notre paysage éducatif, avec du retard par rapport aux pays anglo-saxons. Le ministère y fait de plus en plus référence, notamment dans le cadre du nouveau conseil supérieur de l'éducation.

Les enseignants doivent avoir des connaissances dans ce domaine et sur le fonctionnement du cerveau pour enseigner. Il y a plusieurs concepts fondamentaux à comprendre :

⇨ **La neuroplasticité** : le cerveau est malléable et de nouvelles connexions entre les neurones peuvent se créer tout au long de la vie.

⇨ **Le recyclage neuronal** : c'est le processus par lequel le cerveau modifie une région cérébrale pour acquérir de nouvelles compétences.

⇨ **L'inhibition cérébrale** : C'est la capacité du cerveau à contrôler un comportement spontané (stratégie, intuition). Ainsi, si le mot "rouge" est écrit en bleu, il faudra faire un effort pour ne pas confondre ce qui est écrit et la couleur dont c'est écrit.

Stanislas Dehaene, chercheur en neurosciences, a identifié 4 facteurs pour réussir les apprentissages :

⇨ **L'attention** : Elle sert à filtrer et sélectionner les informations.

Il s'agit d'indiquer à l'élève à quoi il doit être attentif. Orienter l'attention, et c'est là tout le rôle de l'enseignant, est fondamental. On retrouve une des limites des manuels et fichiers où l'excès d'informations (illustrations, couleurs, personnages) distrait l'élève. Une fois l'attention bien orientée, l'élève doit inhiber parfois certains comportements indésirables…par exemple la tentation en résolution de problèmes de "juste" prendre les deux nombres de l'énoncé et de les ajouter ou soustraire.

⇨ **L'engagement actif** : On n'apprend guère en étant passif. C'est toute la difficulté de l'enseignement : proposer une activité ni trop facile ni trop difficile. Le curseur doit être positionné au bon endroit pour favoriser un engagement actif.

⇨ **Le retour d'informations** : L'activité et l'engagement ne suffisent pas. Pour un réel apprentissage, le cerveau a besoin de rétroactions. Cette rétroaction sera aussi bien une validation, un retour sur la procédure qu'un renforcement (encouragement, approbation).

⇨ **La consolidation des acquis :**

Pour intégrer les connaissances, il faut distribuer les apprentissages et s'appuyer sur un environnement favorable : alimentation saine, activité physique régulière et sommeil. Cela renvoie à la place de l'automatisation : automatiser permet de libérer de l'espace cognitif.

Les recherches en neurosciences ont démonté de nombreuses idées partagées par les enseignants, parfois relayées en formation et qui semblent relever d'un quasi bon sens. On appelle ces fausses idées des **neuromythes.** Citons quelques-uns de ces neuromythes :

⇨ Les styles d'apprentissages. L'idée que certains élèves seraient visuels, auditifs ou kinesthésiques est fausse. Toutefois, on sait qu'il est pertinent d'inciter les apprenants à combiner plusieurs canaux pour apprendre.

⇨ On utilise seulement 10 % de notre cerveau. C'est une vieille croyance, relayée dans la presse et les médias. Or, nous utilisons pleinement les capacités de notre cerveau.

⇨ Les premières années sont critiques : c'est faux. La plasticité cérébrale est vraie à tout âge.

⇨ Et d'autres : le cerveau gauche / droit, les femmes seraient multitâches, les hommes sont plus doués en mathématiques, etc.

« Méfiez-vous des neuromythes ! »

Article du site "Neurosup.fr".

https://huit.re/article_neuromythes

Quel intérêt pour la classe ?

Les neurosciences ne doivent pas donner lieu à des prescriptions directes et on ne passe pas comme ça de la recherche théorique à la mise en œuvre en classe. Certains les rejettent à ce titre, mais elles nous donnent pourtant des informations importantes qui méritent qu'on s'y attarde.

Conjuguées à la psychologie cognitive et aux sciences de l'éducation, les neurosciences constituent la **neuropédagogie**., dont le rôle serait de proposer des pistes aux problématiques rencontrées plutôt que des prescriptions. Il est de notre responsabilité de faire bon usage des différents apports de la recherche pour les convertir en actes pédagogiques concrets.

Certaines connaissances seront utiles en classe, dans tous les enseignements, notamment en mathématiques. Ainsi, les neurosciences ont confirmé le fait que le cerveau retient plus d'informations si on les catégorise. Le fonctionnement du cerveau est essentiellement associatif, d'où la nécessité de faire du lien en classe entre les différentes choses que l'on enseigne. Si l'enseignant crée un lien entre ce que l'élève a comme image du savoir et le savoir mathématique, pose du concret sur l'abstrait, le cerveau mémorisera mieux. Car lorsqu'il devra faire appel à ce savoir, pour restituer l'information, l'élève fera appel à cette image, puis à la notion. Il faut donc avoir créé le lien.

Les neurosciences ont aussi démontré que les élèves ont des connaissances mathématiques intuitives. Ils ont de premières notions au plus jeune âge. L'enseignement dispensé doit se servir de ces intuitions. Intuitivement, un élève de maternelle va pouvoir comparer trois jetons à un paquet de dix jetons, mais pas forcément un paquet de trois jetons avec un paquet de cinq jetons.

Trois autres points sont aussi directement utilisés dans la méthode :

- Une réflexion sur la distribution des apprentissages, en lien avec les connaissances des sciences cognitives sur la mémoire. En effet, il est prouvé qu'il est préférable d'éviter de masser les enseignements, et pour favoriser la neuroplasticité, de faire en sorte que des périodes de sommeil séparent les différentes phases d'un travail sur la même notion.
- La motivation des élèves : l'enseignant doit éveiller la curiosité, motiver par la proposition de situations concrètes.
- L'environnement de classe : il doit être enrichissant. C'est un point fondamental. L'élève doit jouer avec des objets mathématiques et faire le lien avec le hors classe.

Conférence de Steve Masson, professeur à la Faculté des sciences de l'éducation de l'UQAM et directeur du Laboratoire de recherche en neuroéducation (LRN)

Vidéo de la conférence

https://huit.re/conference_masson

Ces connaissances et résultats issus des neurosciences ont été intégrés dans la méthode. Il est indispensable pour un enseignant de mieux comprendre comment fonctionnent le cerveau, la mémorisation, les stratégies qui impactent les apprentissages …

LES RECOMMANDATIONS DU CNESCO

En novembre 2015, le CNESCO, Conseil national d'évaluation du système scolaire, en partenariat avec l'IFÉ/ENS (Institut Français de l'Éducation/ École Normale Supérieure) de Lyon, a réuni une conférence de consensus sur le thème "NOMBRES ET OPÉRATIONS : PREMIERS APPRENTISSAGES À L'ÉCOLE PRIMAIRE". En se basant sur les résultats de la recherche, les pratiques du terrain, le jury de cette conférence a émis différentes recommandations.

Celles-ci ont été réunies sous 5 axes :

On en retiendra particulièrement les points suivants :

+ **Développer la manipulation d'objets** tout au long du primaire, et pas seulement en maternelle.

+ **S'appuyer sur l'oral** avant de passer à des écritures symboliques.

+ **Ne pas attendre la maitrise parfaite** d'une notion pour en aborder une nouvelle avec les élèves.

+ Insister davantage sur **l'apprentissage des tables** (+ et ×).

+ **Privilégier le calcul mental** par rapport au calcul posé (à l'écrit).

+ Faire dire à l'élève **comment il a fait** pour arriver à son résultat.

+ **Associer l'apprentissage** des techniques opératoires à la compréhension des nombres.

+ **Rendre les mathématiques ludiques**, vivantes et attractives (pour élève et enseignant !).

+ **Revoir la pédagogie de l'enseignement des mathématiques.**

Le rapport Villani-Torossian

Ce rapport sur l'enseignement des mathématiques a été commandé à Cédric Villani, Député et mathématicien renommé (médaille Fields) et à Charles Torossian, IGEN. Remis le 12 février, il présente 21 mesures pour répondre aux constats que je partage globalement.

Bien que critiqué par Rémi Brissiaud (cf. articles sur le café pédagogique), ce rapport mérite d'être lu, car il est intéressant. Il a fait de l'enseignement des mathématiques une question d'actualité. Les recommandations proposées vont dans le bon sens et sont pertinentes.

Concernant l'école et la classe, les propositions faites relèvent pour beaucoup du bon sens et la méthode heuristique s'inscrit parfaitement dans ces propositions.

Le rapport « 21 mesures pour l'enseignement des mathématiques ».

https://huit.re/rapportvillani

Différentes représentations du nombre en CP.

Fabrication de solides en CM à partir de pâte à modeler et spaghettis.

Chapitre 6. Qu'est-ce que la MHM ?

"Aucune approche ne peut à elle seule garantir le succès des élèves. Un enseignement qui propose un équilibre entre diverses approches, stratégies d'enseignement et modalités d'organisation du travail doit être offert." (UNESCO, 2000)

POURQUOI EST-CE UNE MÉTHODE ?

Désigner cette proposition pédagogique par le mot « méthode » peut paraitre abusif, ou pompeux. Loin de moi l'idée de vendre une méthode miracle, ou « la » solution aux problèmes rencontrés. J'emploie le vocable comme d'autres l'emploient concernant les méthodes de lecture. Ainsi, c'est une méthode d'enseignement dans le sens où elle propose une organisation de l'enseignement des mathématiques. Elle s'inscrit dans un ensemble de principes fondamentaux : un socle de valeurs (éducabilité, bienveillance...), des bases scientifiques et une pédagogie construite sur la recherche.

Elle combine diverses stratégies d'enseignements pour que les élèves découvrent et s'approprient le savoir. C'est de là qu'elle tient l'adjectif « heuristique », mot polysémique choisi, car pouvant signifier que cette méthode consiste à faire découvrir à l'élève ce qu'on veut lui enseigner.

L'ensemble s'inscrit dans une cohérence qui lui donne tout son sens. Cela s'inscrit dans la durée, l'ensemble étant pensé sur la globalité des cycles scolaires. Les descriptions des séances, les activités proposées, les jeux, les outils...pourraient être remplacés par d'autres et la méthode resterait la même si tant est que ces remplacements s'inscrivent dans les grands principes et invariants de la méthode.

Par contre, n'en prendre que des extraits et les combiner à diverses autres pratiques risqueraient d'en perdre le sens, de faire oublier les appuis scientifiques qui la caractérisent.

L'HISTOIRE DE CETTE MÉTHODE

La méthode est née à la rentrée scolaire 2014 avec trois professeurs des écoles (Clotilde, Fabienne et Ludivine) qui avaient souhaité un accompagnement pour faire évoluer leur enseignement des mathématiques. L'idée est rapidement venue de créer une méthode d'enseignement pour les CP, méthode qu'elles testeraient. Cette expérimentation s'est basée sur un accompagnement pédagogique : réunions de suivi régulières, visites en classe, observations croisées, suivi par mail. L'expérience fut concluante.

En 2015/2016, ce sont 22 classes qui ont testé la méthode en CP, CP/CE1, CE1, CE1/CE2. L'accent est mis sur la mise en œuvre du cours double et sur la cohérence sur l'ensemble des trois années.

En 2016/2017, 96 classes testent. L'échantillon s'est élargi :

- Sur les différents niveaux : du CP au CM2.

- Sur les différentes organisations : cours simple, cours double, cours triple.

- Sur la variété des publics : milieux rural, urbain, rep ou rep+.

- Sur la localisation géographique : académies de Dijon, Marseille, Rouen, Tours et Versailles.

- Sur la variété des enseignants : expérimentés dans le niveau, nouveaux enseignants, décharges, PEMF, directeurs, etc.

En 2017/2018, 73 enseignants testent pour la deuxième année les contenus prévus pour les CM1 et CM2, avec toujours une variété importante sur l'échantillon. De nombreuses classes qui testent comptent deux enseignants (temps partiels, direction d'école, PEMF…). À la fin de chaque module, ils renvoient un retour sur la durée des séances, les activités proposées…

L'intérêt est multiple : échange des pratiques, retours des enseignants, évolution de la méthode, « tests » des jeux ou activités d'apprentissage. C'est ainsi que la méthode s'est affinée et enrichie de cette intelligence collective.

L'ÉVALUATION DE LA MÉTHODE

Cette méthode ne prétend pas être « la » méthode. Elle résulte d'un travail artisanal, au sens où c'est celui d'une seule personne, construit pierre après pierre. Il n'est pas exempt d'erreurs, mais a tenté d'être aussi scientifique que possible. L'efficacité a été évaluée de plusieurs façons. Ces évaluations ne sont pas celles de « vrais » chercheurs. Elles ont été réalisées sous forme d'évaluations des élèves à plusieurs moments de l'année ou sous la forme d'un questionnaire pour les enseignants en fin d'année.

Évaluation des élèves

La méthode a ainsi été évaluée au mois de mars pour les classes qui ont des CP (cours simples ou multiples). L'outil utilisé a été une évaluation de circonscription existant depuis plusieurs années. Toutes les classes ayant des CP testant la méthode ont passé l'évaluation. La même évaluation a été passée auprès d'élèves « hors » méthode.

Le brassage des élèves (catégories socioprofessionnelles, milieux urbain, rural, rep ou non, etc.) est sensiblement le même entre le groupe « méthode » et le groupe « hors méthode ».

Les résultats de 46 classes ayant testé la méthode sont comparés à un échantillon hors méthode de 29 classes en mars 2017 :

	Méthode (778 élèves)	**Hors méthode (555 élèves)**	**Écart**
Numération	84,6 %	75,3 %	*+ 9,3 %*
Calculs	79,8 %	73, 9%	*+ 5,9 %*
Géométrie et mesures	77,7 %	74,3 %	*+ 3,4 %*
Résolution de problèmes	67,5 %	60,4 %	*+ 7,1 %*

Résultats par domaine.

En moyenne, les résultats sont **significativement supérieurs**, avec presque 10 points d'écart sur la numération.

Le taux d'élèves en difficulté est de 16,6 % avec la méthode contre 18,9 % hors méthode. Ce taux d'élèves correspond à des élèves ayant au moins 4 sous-champs de l'évaluation (sur les 8 existants) en dessous de 50% de réussite. Une analyse plus fine a pu démontrer que cela correspond à des élèves en grande difficulté scolaire de façon globale, et pour certains en situation de handicap. En outre, ce taux n'augmente pas dans l'année, voire diminue.

D'autres évaluations ont été passées au cours des trois années d'expérimentation. Elles ont servi notamment à faire évoluer la méthode. Par exemple, les élèves de CE1 ont passé en mars 2016 les « anciennes » évaluations nationales de 2010. Ils les ont passées en avance (elles avaient lieu en mai avant), car il était alors nécessaire de faire le point et de rassurer les collègues sur l'avancée de la méthode. En grandeurs et mesures, le résultat est correct alors que certaines compétences n'avaient pas encore été abordées en classe.

	Méthode (75 élèves)	Hors méthode (23 000 élèves)	Écart
Numération	78,8 %	67,9 %	*+ 10,9 %*
Calculs	66,1 %	56,8 %	*+ 9,3 %*
Géométrie	65,7 %	59,8 %	*+ 5,9 %*
Grandeurs et mesures	54,7 %	50,2 %	*+ 4,5 %*
Résolution de problèmes	65,9 %	59,2 %	*+ 6,7 %*

Résultats par domaine.

Une fois de plus, les résultats plaident en faveur de la méthode (supérieurs de 4,5 % à 10,9 %). Il faut évidemment relativiser, car l'échantillon testé est faible. Cela a néanmoins conforté les choix pédagogiques et didactiques faits dans la méthode.

Pour les classes de cycle 3

En 2017/2018, la méthode a été testée dans des classes comportant des CM. Une évaluation a été proposée en décembre et une autre en avril. Faute de comparaison avec un échantillon « hors méthode » comparable, il est difficile d'afficher des données scientifiquement probantes. Ces évaluations avaient aussi pour objectif d'ajuster les contenus, la difficulté étant pour les CM que les élèves arrivent avec un « passé mathématique » très variable.

Néanmoins, des retours quantitatifs et qualitatifs des enseignants testeurs, il ressort plusieurs points importants :

La méthode est efficace sur la compréhension du nombre : fonctionnement du système décimal, sens des fractions et des nombres décimaux. Les élèves montrent une compétence stable : quand ils ont compris, ils ont compris !

L'impact des différents types de handicap (élèves reconnus MDPH, élèves -dys, élèves non lecteurs…) est important en mathématiques, mais les élèves progressent au lieu de s'enfoncer dans leurs lacunes.

Le rapport aux mathématiques évolue très positivement et dès les premières semaines : les élèves déclarent massivement aimer faire des mathématiques, réclament cette séance et s'investissent.

Évaluation par les enseignants

Les enseignants ont été soumis à un questionnaire en ligne à la fin du mois de mai 2017.

Ce questionnaire leur demandait leur avis sur différents aspects de la méthode. Pour la plupart des questions, les enseignants se positionnaient selon une échelle de Likert, c'est-à-dire une échelle de jugement sur cinq points allant de « *pas du tout d'accord* » à « *tout à fait d'accord* ». Cela leur a permis de donner leur avis aussi objectif que possible sur différents aspects de la méthode. C'est aussi ce qui a piloté les dernières évolutions de la méthode pour sa version définitive.

Retour de l'évaluation par les enseignants en 2016/2017 :

Par rapport à votre enseignement des mathématiques avant la méthode diriez-vous que la méthode heuristique …

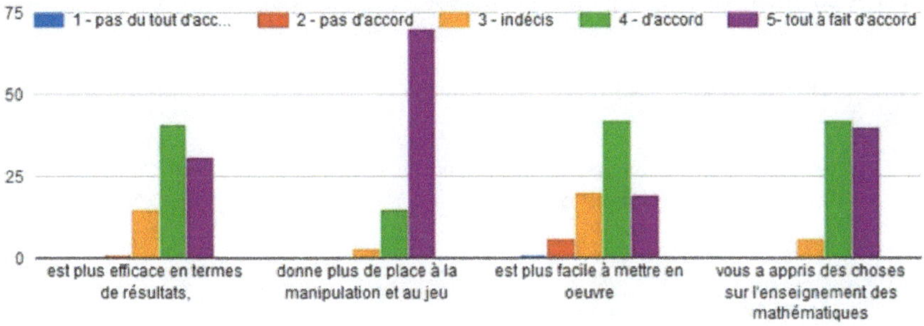

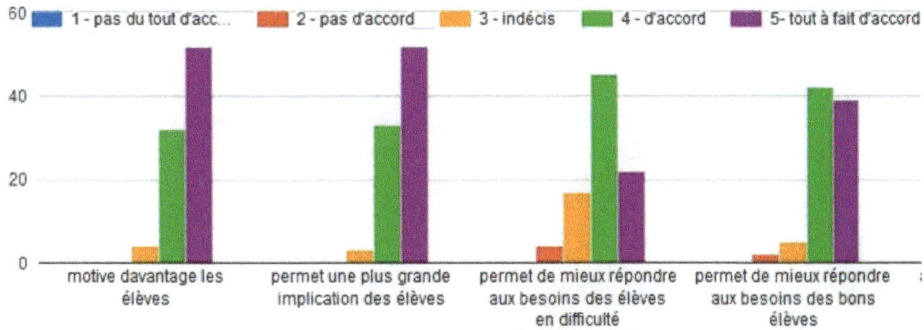

Ces retours sont intéressants. Ils démontrent notamment que la méthode, par son mode de fonctionnement, a aussi été un objet de formation pour ces enseignants. Vous êtes libres d'interpréter ces retours, qu'il faut mettre en corrélation avec leurs pratiques d'enseignement antérieures :

-39,8% créaient leurs séances en totalité ou en piochant sr internet et dans différents ouvrages

-60,2 % travaillaient sur fichier, notamment *Cap maths* (12,5%), *Pour comprendre les maths* (12,5%) et *J'apprends les maths* (8%).

En sus, 98,9 % des « testeurs » ont continué la méthode.

Depuis septembre 2017, la méthode est en accès libre pour le cycle 2. De nombreux utilisateurs se sont exprimés sur Twitter notamment pour donner leur avis sur la méthode. En voilà quelques-uns :

Nicolas Lmsn @NicoLimOff · 11 s

En réponse à @Nicolaspinel76

«Monsieur, on fait maths hein aujourd'hui ?!» Bon, quand tu entends ça tu te dis que quelque part ça fonctionne !

+

Ki est elle @Ki_est_elle · 3 min

En réponse à @Nicolaspinel76

Les situations sont variées et riches, ce qui motive énormément les enfants, avec une part importante donnée au jeu.
La progression spiralaire est rassurante sur le plan pédagogique (on y reviendra plus tard) et évite la monotonie pour les élèves.

+

romy @Romypartage · 8 h

En réponse à @Nicolaspinel76

La méthodologie me convient parfaitement car elle est très en harmonie avec la coopération, les jeux, les rituels que je pratiquais avant? C'est chouette d'avoir tout rassemblé en un fonctionnement. :)

+

Delphine Thibault @DelphineThib · 1 h

En réponse à @Nicolaspinel76

À peine une semaine avec #MHM et déjà les comportements ont changé ! " C'est déjà fini les maths ?", "Moi j'aime bien les maths, les nouveaux jeux sont trop bien !", "Quand est-ce qu'on rejoue à la bataille des cartes ?"... Que dire de plus, ça fait tellement plaisir !

+

Isabelle WATRINET @Isawatrinet · 1 min

En réponse à @Titoune_Val_PE @Nicolaspinel76 @Romypartage

La méthode se suffit à elle même, très complète, avec des séances régulières de régulation. Travail en cohérence avec un temps partiel aussi

Et beaucoup d'autres sur le site ou sur Twitter !

Efficacité de la méthode

Comme tout manuel, outil, **tout dépend de ce qu'on en fait.** L'appropriation et la compréhension ne sont pas automatiques. Les enseignants les plus efficaces sont ceux qui ont des connaissances didactiques suffisantes, qui engagent leurs élèves le plus longtemps dans le travail (dans une vraie activité cognitive), qui gèrent dans un climat bienveillant...autant de critères que la méthode essaie de favoriser par son fonctionnement.

L'un des points importants de la méthode est aussi de développer le sentiment d'auto-efficacité chez les élèves. Leur donner la perception qu'ils ont la capacité à réussir est fondamental ! Développer le sentiment d'auto-efficacité passe par un encouragement de l'enseignant sur chaque réussite.

> **Commentaire :** Monsieur bonjour,
> J'utilise la méthode cette année dans ma classe de CP et j'ai embarqué 3 de mes collègues de cycle 2 dans l'aventure. Quand elles entendent nos discussions le midi, et entendent notre enthousiasme sur le plaisir d'enseigner et d'apprendre les maths avec cette démarche, elles sont impatientes de se lancer dans l'aventure aussi à la prochaine rentrée. Moi qui n'ai jamais été une matheuse, j'aborde cette discipline totalement différemment et l'impact sur ma façon de travailler dépasse largement la seule didactique des maths.

Commentaire posté par une enseignante.

Principes

Les bases scientifiques et pédagogiques qui ont guidé la conception de la méthode convergent vers plusieurs points forts :

- La construction d'un enseignement des mathématiques basé sur la **recherche du sens**.

- La **mise en activité intellectuelle** des élèves.

- Le **lien avec les autres disciplines et la vie** de tous les jours : ce sont donc des mathématiques qu'on utilise et pas seulement des mathématiques qu'on étudie pour elles-mêmes.

- Un **rôle pédagogique de l'enseignant** réaffirmé autour d'un enseignement **explicite**.

Ainsi, cinq principes majeurs ont constitué son architecture :

1/ Offrir une culture mathématique positive

La culture mathématique de la classe (de l'école) doit se construire en permettant aux élèves de prendre conscience des mathématiques dans leur environnement. Cette culture permettra de donner du sens aux apprentissages et de repenser le lien à la discipline avec les élèves, mais aussi leur famille. Il s'agit de changer le rapport aux mathématiques. C'est particulièrement important pour les publics défavorisés.

L'enseignant doit redonner une dimension attrayante et positive de cette discipline.

Les modalités pédagogiques utilisées dans la méthode permettent d'avoir des élèves « heureux » de faire des maths et donc plus investis. Ils font preuve d'une motivation intrinsèque affirmée.

2/ Offrir un environnement adapté

L'environnement d'apprentissage sera stimulant et permettra à l'élève de s'exprimer sans crainte. Cet environnement ne doit pas entraver le développement de l'élève. La classe et son fonctionnement sont parfois vécus comme un carcan par les élèves. Il faut faire confiance aux élèves, à leur capacité à apprendre et proposer un milieu entretenant cette appétence au départ naturelle. La classe doit donner envie de venir, d'apprendre.

On devra penser l'aménagement de la classe au mieux en fonction des contraintes, mais à minima, il faudra que les élèves puissent travailler en individuel, en binôme ou en plus grands groupes. Il sera aussi nécessaire d'aménager un espace d'affichage suffisant et clairement dédié aux mathématiques.

Enfin, un coin, une étagère, un meuble seront attribués au rangement des ressources de mathématiques (matériel de manipulation, outils) et devront être identifiés comme tels. On pourra éventuellement lui attribuer un nom pour renforcer la symbolique, tel que « le coin maths ». Ce matériel et ces outils sont accessibles librement aux élèves qui peuvent s'en emparer selon l'activité et leurs besoins.

3/ Répondre aux besoins des élèves

L'enseignement des mathématiques doit être construit et pensé pour répondre aux compétences et aux besoins des élèves et respecter leur rythme naturel.

Les élèves ont des entrées différentes dans les apprentissages. Il faudra donc leur donner des moyens variés (outils, matériel de manipulation, modalités d'apprentissage) pour leur permettre d'accéder à la compréhension des concepts les plus difficiles, mais aussi le temps de la réflexion et de la maturation.

Il faut développer la confiance en soi des élèves. Les séances proposées doivent mettre en adéquation autonomie, nécessaire exigence (difficulté des séances), et apprentissage pour mettre l'élève en réussite. La réussite est le moteur de la motivation intrinsèque.

La participation de tous doit être active et valorisée. L'utilisation importante de l'oral permet de redonner à l'erreur une place centrale dans l'enseignement.

4/ Manipuler pour conceptualiser

La manipulation est une étape nécessaire pour accéder au symbolique et pour comprendre les concepts. Mais cela ne sera efficace qu'à condition que l'élève ait l'occasion de mettre en mots sa recherche, son activité intellectuelle.

Le matériel proposé est donc choisi avec soin et suffisamment diversifié pour offrir différentes entrées. Si un élève n'accède pas au symbolisme avec un support donné, il y parviendra peut-être plus facilement avec un autre. Cela a été notamment le cas avec le calepin des nombres, un outil proposé dans la méthode qui s'est montré particulièrement efficace dans la construction du nombre pour certains élèves.

Tous les outils existants ne sont pas proposés, mais vous pouvez les inclure et les utiliser au besoin (le boulier par exemple).

5/ Connecter les mathématiques au monde

L'idée est de connecter, de multiples façons, les apprentissages faits par les élèves et surtout de rendre explicites ces connexions.

Cela pourra se faire via les situations rencontrées, notamment en résolution de problèmes, mais aussi à d'autres moments : on ne va pas mesurer que des segments, mais aussi la largeur d'une porte, la longueur d'un couloir…et en CM calculer la quantité de peinture nécessaire pour repeindre un mur…

En sus, on travaillera une fois par an de façon systématique le lien entre arts et géométrie.

La proposition d'une promenade mathématique dans l'année sera aussi l'occasion pour les élèves de prendre conscience que notre monde est mathématique. Cette expérience a été très efficace et le regard des élèves sur les mathématiques a évolué.

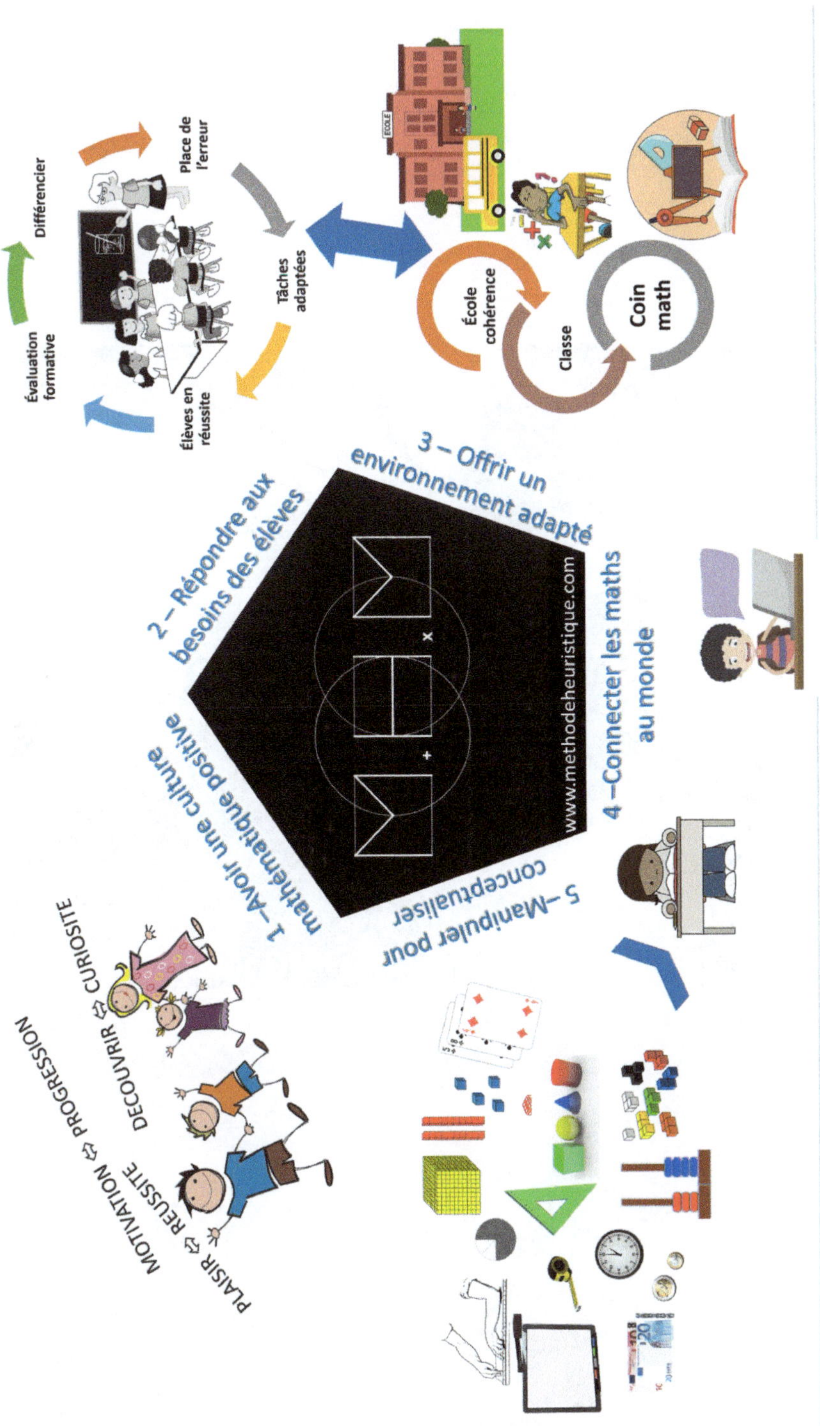
Évaluation formative
Différencier
Place de l'erreur
Tâches adaptées
Élèves en réussite
ÉCOLE
École cohérence
Classe
Coin math
1 –Avoir une culture mathématique positive
2 – Répondre aux besoins des élèves
3 – Offrir un environnement adapté
4 –Connecter les maths au monde
5 –Manipuler pour conceptualiser
MHM
www.methodeheuristique.com
MOTIVATION ⇔ PROGRESSION
PLAISIR ⇔ REUSSITE
DECOUVRIR ⇔ CURIOSITE

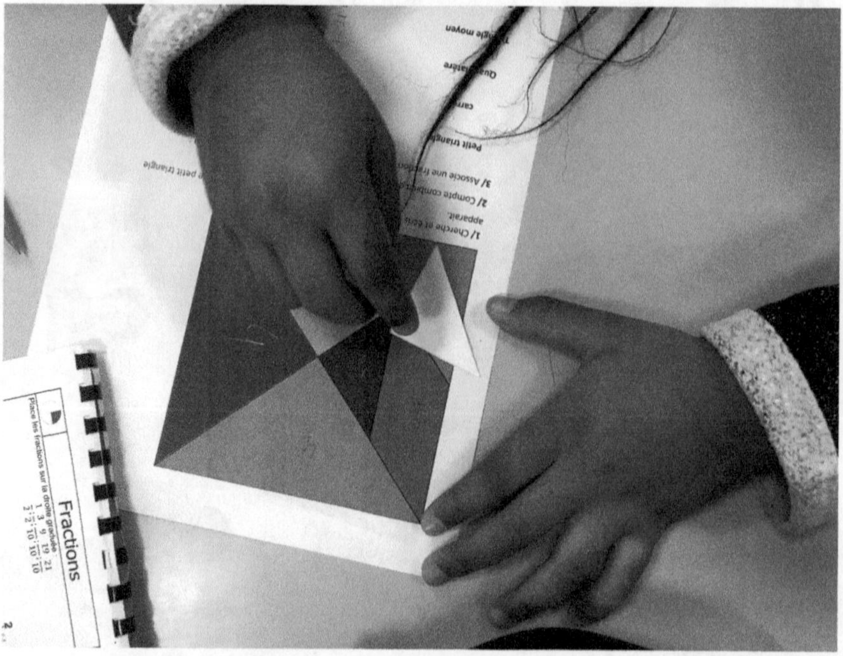
Fractions
Place les fractions sur la droite graduée :
Petit triangle
apparaît.

Chapitre 7. Points pédagogiques et didactiques

LE RÔLE DE L'ENSEIGNANT

L'enseignant est incontestablement un facteur d'influence sur l'apprentissage des élèves. La même méthode, les mêmes outils donnés à des enseignants différents ne mèneront pas au même résultat. La qualité des **interactions enseignant-élève** est primordiale.

Cette méthode doit permettre d'enseigner avec sa propre posture et ses propres gestes professionnels. Elle ne s'inscrit pas dans l'opposition pédagogie traditionnelle / pédagogies progressistes qui est dépassée. Elle permet à l'enseignant de faire preuve de souplesse, mais par son approche et les principes qui la sous-tendent, elle provoquera un changement de posture et des pratiques professionnelles de l'enseignant.

Au cours des séances de mathématiques, l'enseignant pourra adopter différentes attitudes :

- **Médiateur d'apprentissage** : en posant les « bonnes » questions au cours du travail, en offrant la juste rétroaction, il permettra d'accéder aux concepts sous-jacents. L'explicitation d'un nouveau savoir, une procédure relève aussi de cette attitude. Mettre les bons mots, imager un concept sont des gestes qui permettront à l'élève de comprendre les notions.

- **Accompagnateur** : en observant les élèves, en écoutant l'exposé de leurs procédures, il pourra accompagner les apprentissages, éviter au plus tôt les approches erronées et y remédier. Il permettra aussi à la parole d'être libre, à l'erreur d'être réellement source d'apprentissage.

- **Évaluateur** : de la réussite des élèves et de sa propre pratique, pour améliorer les contenus et remédier dans les séances suivantes. Cela signifie aussi encourager, expliciter à l'élève pourquoi ou comment il peut faire, souligner les réussites…

- **Motivateur** : en forçant parfois le trait, en jouant sur la mise en scène, en faisant preuve d'enthousiasme, en créant un milieu favorable, l'enseignant permettra à l'élève de s'inscrire dans une dynamique positive, source de motivation intrinsèque. Il s'agit de faire émerger le désir d'en savoir plus.

UNE PÉDAGOGIE EXPLICITE

Je propose d'utiliser une pédagogie explicite dans la méthode. Celle-ci a plusieurs sens selon les chercheurs, entre la version québécoise (dite « *direct instruction* ») et son acceptation à la française (*voir les travaux de l'IFé*). Sans rentrer dans ce débat de chercheurs, la tendance dichotomique : explicite/constructivisme me semble contreproductive. La démarche que je propose s'inscrit dans les recherches internationales sur l'enseignement (Hattie et autres) et dans une pédagogie explicite qui vise l'efficacité, plus proche de l'acceptation française que québécoise.

Dans la méthode, il est ainsi demandé aux enseignants d'être particulièrement attentifs à :

- **Annoncer ce qu'on va faire** : ainsi, au début des temps d'apprentissage, il faut présenter l'objectif d'apprentissage aux élèves : « *Nous allons apprendre à tracer des angles droits.* » ou « *Nous allons apprendre à calculer en ligne des opérations avec des nombres inférieurs à 100.* » Dans la formulation, le « *nous* » est important : il montre que c'est un travail commun entre l'enseignant et les élèves, tout le monde est impliqué. C'est à ce moment qu'on peut lier aux différents contextes déjà rencontrés (situations antérieures, vie quotidienne, travail lié en arts…).

- **Expliquer pourquoi on fait les choses** : les finalités de la tâche.

« *Nous allons apprendre à tracer des angles droits, car ce sera utile pour tracer des carrés.* » ou « *Nous allons apprendre à calculer en ligne, car cela sera plus rapide que de poser l'opération.* »

- **Expliquer comment on fait les choses** : explicitation des procédures, des stratégies, des connaissances utiles. Cela signifie dire clairement, en imageant au besoin, le savoir ou la procédure. L'enseignant raisonne à voix haute. On présente le cas « simple », « standard » et on garde les cas particuliers, plus complexes pour plus tard. On vérifie la compréhension de tous (questions/réponses à l'ardoise par exemple), on donne des exemples et contreexemples, on échange avec la classe…

- **Faire expliquer par l'élève** comment il a fait. Par exemple, en demandant *« Comment fais-tu ? »* ou *« Je n'ai pas le même résultat que toi, explique-moi comment tu as trouvé le tien ? »*.

Ces étapes sont importantes dans la conscientisation du processus intellectuel. Cela permet à l'élève de catégoriser ses apprentissages, de mieux les inscrire en mémoire et d'avoir une réelle activité intellectuelle.

Les temps d'explicitation font partie de la pratique quotidienne aux différents moments des apprentissages. Cela se fait au début de la séance, pendant la séance (pour comparer des procédures en calcul mental par exemple), en fin de séance pour institutionnaliser le savoir.

Expliciter n'est pas facile. Il s'agit d'aider l'élève à comprendre la tâche, la procédure, parfois à s'en distancier. L'explicitation peut se faire par la parole de l'enseignant, par la médiation d'un outil / matériel, mais aussi en provoquant des interactions entre les élèves (travail collaboratif), en construisant collectivement la synthèse du savoir.

Un des enjeux de cette pédagogie explicite se situe dans **les rétroactions** que l'enseignant doit employer. La **rétroaction** (ou feedback) est une information que l'enseignant donne à l'élève après avoir observé comment il a réalisé une tâche donnée. Il peut s'agir d'indiquer s'il a donné la bonne réponse ou non (comme la méthode le préconise dans les activités orales), ou de conseiller à l'élève une stratégie (comme en calcul mental, en faisant un lien ou un rappel sur un travail antérieur). Le but est de permettre à l'élève de s'améliorer dans la réalisation de cette tâche. Bien entendu, on ne porte pas de jugement. La rétroaction doit :

- Être claire et précise, de préférence personnalisée.

- Avoir lieu le plus tôt possible : dans l'idéal elle doit être immédiate, quand l'élève fait, sinon il peut prendre de mauvaises habitudes.

- Être liée à l'objectif, que l'on rappelle si besoin, car il est indispensable que l'élève connaisse cet objectif.

C'est un geste professionnel qui n'est pas aussi simple que cela peut en avoir l'air. L'effet peut être négatif si on essaie d'imposer « la bonne réponse » au lieu de conseiller, ou si l'élève a l'impression « qu'on est sur son dos ».

Il faut faire attention à ne pas être dans une rétroaction normative, mal vécue par les élèves en difficulté : « *Tu as raté l'exercice* », mais plutôt de s'inscrire dans une rétroaction informative : « *Tu as fait moins d'erreurs qu'hier, il faudra encore travailler sur ça* ».

La réflexion qu'on demande à l'élève s'inscrit dans un processus de métacognition. La **métacognition** est la représentation que l'élève a de ses connaissances et l'analyse qu'il en fait. C'est sa capacité à comprendre ses actions et raisonnements. Toutefois, il faut se méfier des limites de la métacognition. Certains élèves sont en difficulté pour expliquer leur stratégie et cela pourrait les mettre encore plus en difficulté. Le risque aussi est de vouloir aller trop vite et de penser à la place de l'élève. Il faut laisser le temps à l'activité intellectuelle. Tant que l'élève n'aura pas compris une procédure, on ne peut attendre de lui qu'il la transfère. C'est pourquoi, dans les activités orales, nous conseillons de ne pas chercher à toujours insister, mais de « passer », la programmation des activités permettant d'offrir d'autres occasions de s'y confronter.

PROGRAMMATION DES APPRENTISSAGES

C'est une des réflexions fondamentales de la méthode.

Elle s'est construite sur un **double constat** :

1/ L'enseignement est souvent construit sur un enchainement : une séquence après l'autre, chaque séquence portant sur un ou plusieurs objectifs d'apprentissage. Ainsi, pendant plusieurs séances, les élèves vont travailler autour du même objet mathématique. Le schéma de séquence : *découverte – leçon – exercices – évaluation* est fortement ancré dans la culture professionnelle. Certaines notions ne sont pas réellement revues ni réutilisées en contexte pendant des semaines.

2/ Un découpage de l'emploi du temps s'est imposé depuis longtemps dans un grand nombre de classes : un jour par domaine, par exemple, numération le lundi, géométrie le mardi, calcul le jeudi, etc. Cette répartition est renforcée lorsqu'il y a deux enseignants sur la même classe.

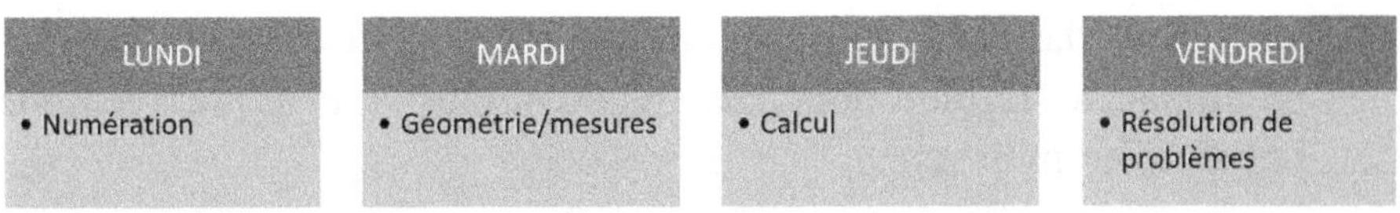

Or, la maitrise des concepts mathématiques, ou des procédures et techniques, requiert du temps. Il est donc nécessaire de ne pas limiter cela à un temps donné, mais de répartir la pratique dans le temps.

Une programmation « neuronale »

Fort des constats faits sur un fonctionnement très ancré culturellement (et dans les outils « classiques »), la méthode fait d'autres choix :

- Les élèves doivent rencontrer à différentes reprises les savoirs pour pouvoir les acquérir. Les apprentissages sont déclinés de façon cyclique, revenant régulièrement, avec des pauses temporelles voulues. Il faut laisser le temps au temps.

- Les apprentissages s'appuient sur des propositions pédagogiques diverses, sur des ressources variées, et sur la même notion les élèves pourront travailler dans l'année de façon individuelle ou en interaction avec leurs camarades.

Ces choix sont basés sur les apports scientifiques présentés dans le chapitre 5. La neuroéducation a montré tout l'intérêt d'éviter de masser les enseignements et, pour favoriser la neuroplasticité, d'espacer les périodes d'apprentissages. Ainsi, il est nécessaire que des périodes de sommeil séparent les différentes phases d'un travail sur une même notion : 4 fois 30 min, voire 8 fois 15 min apporteront bien plus de bénéfices que 2 séances d'une heure. Cela implique de repenser la programmation des activités. L'objectif est de lutter contre l'oubli. En effet, Ebbinghaus a construit la courbe de l'oubli, liée à la mémoire et à la rétention des informations. Elle montre qu'on perd la moitié des nouvelles connaissances dans les jours qui suivent, à moins de réactiver ces apprentissages. Il faut donc des réactivations à une journée, une semaine, un mois, etc.

La progression des contenus s'inscrit donc dans un double fonctionnement :

- **semi-massé** : dans le sens où on travaillera plusieurs séances de suite sur l'acquisition des notions les plus importantes de l'année, mais on ne va pas forcément « au bout ». Une « pause » temporelle est marquée. Il faut prendre le temps. Les apprentissages se nourrissent les uns des autres. Ainsi on pourra enchainer deux séances dans le même module sur la soustraction, puis, dans le module suivant ne plus en parler, mais retravailler la notion d'échanges et le calcul mental, pour, dans un troisième module revenir sur l'aspect technique. Cette façon de procéder est déstabilisante pour l'enseignant, mais a montré une certaine efficacité. Il faut « faire confiance » et résister à son envie d'en faire plus. Il faut du temps aux élèves pour « maturer » certains savoirs ou certaines procédures.

- **cyclique** : on revient régulièrement sur chaque compétence, notamment au cours des activités ritualisées et du calcul mental. Les élèves doivent rencontrer plusieurs fois les contenus d'apprentissage et les réviser après qu'ils aient été acquis. Il faut toutefois être vigilant et veiller à être sûr que l'élève ait bien compris (importance des rétroactions).

Cela donne une programmation des contenus et une progression des objectifs d'apprentissages que je qualifie de « neuronale », car on crée de multiples connexions entre les différents modules d'apprentissage :

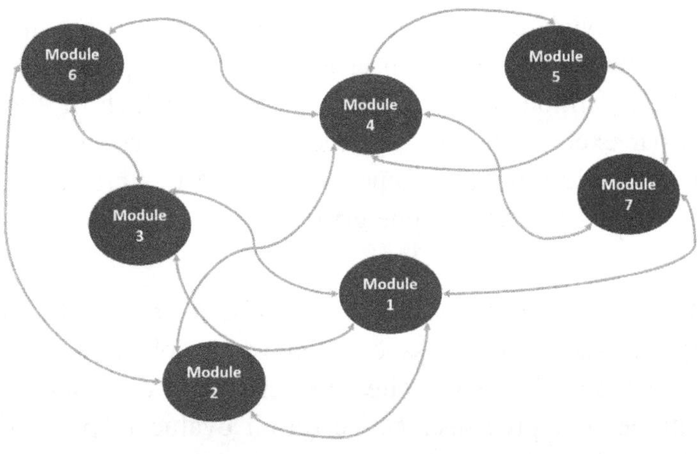

La méthode a été conçue sur la globalité d'un cycle en pensant la continuité. Des choix sont faits pour donner des priorités, par exemple l'accent mis en début de CP sur les calculs sur les premiers nombres, et la résolution de problèmes numériques oraux.

Ainsi, les élèves arrivent en CP avec certaines connaissances mathématiques, acquises antérieurement sur lesquelles on rebondit les premières semaines. En CE1 et CE2, on retrouve des outils, jeux, fichiers similaires à l'année précédente pour permettre aux apprentissages de s'inscrire dans une réflexion spiralaire sur l'ensemble du cycle.

Du CP au CM2, certaines activités, typologies d'exercices et situations sont similaires : chronomaths, 100è jour, jeu de la cible, travail sur les solides, etc. Cela répond au besoin de continuité et à un gain de temps dans la mise en œuvre de ces temps en classe, les élèves connaissant les consignes et attendus.

L'ÉVALUATION

La question de l'évaluation est fondamentale au sein de la méthode heuristique. Elle s'inscrit dans une pratique quasi quotidienne :

- Les activités orales et le calcul mental permettent une évaluation formative continue. En effet, l'évaluation peut prendre la forme d'une simple **observation**. Quelques calculs à l'ardoise peuvent par exemple donner une indication intéressante sur le niveau d'acquisition globale d'une compétence très ciblée. Il suffit alors de noter la réussite sur une grille de suivi.

- Un outil d'évaluation va être proposé à l'élève : **le tableau des apprentissages**. Il va associer l'élève aux objectifs de travail et sera le support de ses réussites. Les critères d'évaluation seront systématiquement précisés : est-ce qu'on évalue le produit (une réalisation de l'élève) et/ou le processus (la démarche utilisée) ? En impliquant l'élève dans le processus d'évaluation, on va lui permettre de visualiser les apprentissages qui l'attendent, et de prendre en main ces deniers. L'élève va pouvoir identifier ses progrès, se motiver au regard de ses réussites.

Deux façons d'utiliser le tableau sont possibles :

- soit l'enseignant le gère et le complète.
- soit il est cogéré par l'enseignant avec l'élève.

C'est un outil difficile à utiliser qui ne parle pas à tous. Vous pouvez alors adopter votre propre outil.

PRÉNOM : .... **TABLEAU DES APPRENTISSAGES CP- 2**

	**Nombres et Calculs**				
NC1	Je sais compter et comparer des quantités d'objets.				
NC2	Je sais compter de ... en ... Je sais décomposer des nombres. Je sais faire des groupements par 10				
NC3	Je sais me repérer sur une suite numérique.				
NC4	Je comprends le lien entre le rang (3ème) et la quantité correspondante.				
NC5	Je sais comparer et ranger des nombres.				
NC6	Je sais utiliser des représentations différentes des nombres.				
NC7	Je sais passer d'une représentation d'un nombre à une autre.				
NC8	Je comprends l'écriture des nombres. Je connais les noms des nombres.				
NC11	Je sais résoudre des problèmes.				
NC13	Je sais ajouter 1 ou 2 à un nombre. Je connais les compléments à 10.				
NC14	Je trouve des stratégies pour faire des calculs.				
NC16	e sais faire du calcul mental.				
	**Grandeurs et mesures**				
GM1	Je sais comparer des objets (longueur, masse, contenance).				
GM7	J'exprime une mesure avec une unité.				
GM10	Je sais utiliser la monnaie.				
	**Espace et géométrie**				
EG2	Je sais situer des objets ou des personnes les uns par rapport aux autres (quadrillage).				
EG4	Je sais m'orienter en utilisant des repères. (quadrillage)				
EG10	Je décris ou je reproduis des figures géométriques. Je connais le vocabulaire des figures géométriques.				
EG11	Je sais utiliser la règle.				
EG12	Je sais utiliser la règle.				

Tableau d'apprentissage CP (période 2).

L'enseignant programmera régulièrement des temps courts pour que chaque élève fasse le point avec lui sur ses réussites. Le but est que ces entretiens permettent à l'élève de s'exprimer sur ses apprentissages, de rentrer dans une démarche de métacognition. Cet entretien sera mené par l'enseignant sans aucun jugement de valeur, mais au contraire dans un esprit de valorisation des progrès déjà effectués. Il explicitera à l'élève les critères de réussite, c'est-à-dire le « *comment on sait que l'on sait* ». En ayant accès à ces informations, l'élève va pouvoir prendre conscience du rôle de ses erreurs et développer des stratégies pour s'améliorer sur les points voulus.

À quoi va servir l'évaluation ?

Les évaluations vont permettre d'ajuster la progression ou la séquence d'enseignement en fonction des réponses des élèves, de leurs acquis ou leurs difficultés par rapport à une notion enseignée, mais aussi de remédier aux difficultés rencontrées. Il est important de ne pas imputer la difficulté à l'élève. Cela peut être la situation qui fait qu'un élève se trouve en difficulté.

On veillera à bien distinguer les raisons des difficultés observées lors des évaluations : s'agit-il d'un problème de consigne, de compréhension de la tâche, de lacunes mathématiques … ? L'important sera de mener une analyse fine.

Pour évaluer l'acquisition des différents savoirs mis en jeux, on testera la capacité à utiliser ce savoir à la demande de l'enseignant (exercices d'application), dans des contextes proches des situations d'apprentissage, en réinvestissement autonome.

En outre, des tests annuels « classiques » peuvent être envisagés. Ils permettent à l'enseignant d'avoir une vision à un moment donné. Ils présentent des limites, connues, comme les élèves qui sont moins performants du fait du stress, ceux qui ne font pas (alors qu'ils font d'habitude au quotidien), etc. Sur le site, vous trouverez des propositions concrètes avec livrets élèves, enseignants et tableau de saisie.

D'autres systèmes d'évaluation : les ceintures

La façon d'évaluer dans la méthode est déroutante pour les enseignants et peut s'avérer difficile dans sa mise en œuvre, même si certaines classes l'ont parfaitement intégrée.

Il est donc possible de mettre en place un autre système, à la condition de **respecter les principes et modes de fonctionnement** arrêtés pour la méthode. Le système des **ceintures de compétences** peut ainsi très bien convenir. Venu de la pédagogie institutionnelle (F. Oury), ce système permet d'impliquer l'élève dans ses apprentissages en lui symbolisant là où il en est et le chemin qui lui reste à parcourir.

« 9 bonnes raisons d'adopter les ceintures de compétences en classe. »

Article de « Charivari »

https://huit.re/ceinturescharivari

Ce système offre divers avantages, mais demande une réflexion spécifique sur sa mise en œuvre pour l'adapter à la méthode. Pour en savoir plus sur les ceintures de compétences et disposer de référentiels de compétences, un site de référence, fruit d'un collectif de qualité :

« Nos ceintures de compétences. »

Site « C2CEDU »

https://huit.re/ceinturescompetences

Dans la mise en œuvre de la méthode, je suggère d'utiliser des ceintures pour la connaissance des tables et pour les techniques de calcul posé. Cela répond à des connaissances très techniques, sur lesquelles il est facile de programmer des entrainements et pour les élèves de se situer.

Delphine Thibault, PEMF, a créé des ceintures de compétences pour les calculs posés, dont nous avons pensé la progression ensemble.

« Ceintures de compétences : les calculs posés. »

tablettesetpirouettes.com

https://huit.re/ceinturescalculs

Plusieurs enseignants « PIDAPI » (**https://pidapi-asso.fr/**) vont utiliser la méthode à partir de septembre 2018 et vont réfléchir ensemble à l'articulation de la méthode avec leur système.

LA DIDACTIQUE

Un enseignement efficace des mathématiques ne peut être qu'une alliance bien pensée entre pédagogie et didactique des mathématiques. La méthode heuristique aspire à une entrée pédagogique dans l'enseignement, mais sans s'affranchir d'une base didactique solide.

Les choix faits l'ont été au regard de croisements de lectures théoriques. Les chercheurs en mathématiques sont nombreux et leurs réflexions ont fortement alimenté ce travail, qu'il s'agisse de Catherine Berdonneau, Stella Baruk, Rémi Brissiaud, Denis Butlen, Roland Charnay, Fabien Emprin, Michel Fayol, Catherine Houdement, etc. Ainsi, sur le début de la scolarité élémentaire, il était nécessaire de tenir compte des réflexions de Rémi Brissiaud. En effet, depuis des années, il insiste sur la différence fondamentale entre comptage-dénombrement et comptage-numérotage. Pour lui, il est important d'utiliser le comptage-dénombrement, car celui-ci fait bien apparaitre l'itération de l'unité[13].

On le théâtralisera en début de CP dans les activités de constitution de collection : « *un jeton et un jeton, cela fait deux...et encore un jeton, cela fait trois jetons en tout...* ». Il s'agit de donner du sens au nombre et d'éviter la confusion entre le dernier mot nombre prononcé (représentant le cardinal d'une collection) et le dernier objet. Cette réflexion est fondamentale dans la construction du concept.

« Le jeu du saladier (décompositions). »

Objectif maternelle (vidéo)

https://huit.re/jeusaladier

Dans les différents modules qui ponctuent l'année scolaire, les points didactiques importants seront éclairés au moment voulu, avec une attention particulière sur le langage. L'enseignant doit avoir des connaissances didactiques pour enseigner correctement les mathématiques. Il faut maitriser notamment :

- La construction du nombre : système décimal, positionnel…
- Les différents ensembles de nombres (entiers, relatifs…).
- Le lien entre les techniques opératoires et la construction des nombres, le choix des techniques opératoires.
- La multiplication /division des nombres par 10, 100…
- Les concepts d'aire et périmètre.
- Les concepts de grandeurs et mesures.
- La proportionnalité.
- Etc.

Ces éclairages didactiques sont présents dans les modules ou sur le site. La chaine YouTube de la méthode offre aussi des vidéos, les « points maths » qui offrent des supports d'autoformation.

---

[13] Voir une de ses conférences en ligne : **https://lc.cx/SSgn**

« Point Math 2 : comment fonctionne notre système de numération ? »

Chaine YouTube de la méthode

https://huit.re/pointmath2

LE TRAVAIL COOPÉRATIF

Dans les différentes modalités pédagogiques proposées dans la méthode, il figure régulièrement des activités en binômes ou en groupe. Le fait que les élèves travaillent ensemble favorise l'apprentissage. Cela s'inscrit dans un travail coopératif.

Dans l'apprentissage coopératif, chaque élève a un rôle dans l'accomplissement de la tâche. Cela crée de l'interaction entre les élèves, les obligeant à verbaliser, à formuler leurs idées.

On peut confier à chaque membre du groupe une sous-tâche à réaliser, ou toute autre démarche qui les responsabilise. Le travail coopératif vise à renforcer l'autonomie et la responsabilité individuelle et collective. Elle permet aussi de créer une cohésion de groupe et de renforcer l'idée que l'on apprend tous ensemble, qu'il n'y a pas de concurrence. Il ne s'agit pas seulement de réussir, mais que nos camarades réussissent aussi.

Toutefois, ce travail doit être réservé à des apprentissages complexes ou trop difficiles pour être réalisés par un élève seul. Il faut avoir besoin des autres !

Chasse aux figures en coopération.

La manipulation

Voilà un point fondamental dans la méthode et un point fort souligné par tous les enseignants qui ont testé la méthode : baisser la part du « papier-crayon » pour augmenter la part de confrontation aux objets mathématiques par la manipulation. Les stimulations sensorielles en jeu dans l'activité manipulatoire vont améliorer la rétention (mise en mémoire).

Dans les situations d'apprentissage, on part (souvent) d'une situation concrète afin de construire une notion ou un concept par l'abstraction, mais entre ces deux étapes, il faut aider l'élève à se construire une représentation de la situation. C'est là qu'intervient la **manipulation**.

Le mot « manipulation » est parfois utilisé à tort et à travers. Lorsqu'un élève joue avec un ou des objets, ce n'est pas pour autant de la manipulation. On distinguera donc le jeu libre (*il tripote, il joue …*), de la manipulation. Le jeu libre n'a pas forcément d'objectif pour l'enfant. Son esprit peut être ailleurs, tandis que dans la manipulation, l'action physique de l'élève est guidée par un objectif, un raisonnement qui guide ses gestes. La manipulation est intéressante pour les élèves, car elle est concrète et leur permet d'agir physiquement sur le concept. Cela permet aussi probablement d'alléger la mémoire de travail et d'être plus disponible sur le plan cognitif.

D'après Bruner, dans un premier temps, l'enfant apprend par la manipulation. C'est le mode « *énactif* ». Pour apprendre, l'enfant a besoin de manipuler, d'utiliser ses sens. Certains apprentissages, « mécaniques » restent dans ce mode, pour l'enfant comme pour l'adulte, car ils n'ont pas besoin d'abstraction (par exemple, faire son lacet).

Au-delà de ce mode énactif, Bruner décrit un niveau cognitif supérieur, appelé « *mode iconique* ». Ce mode correspond au fait que l'élève transforme l'action en image mentale. L'élève se représente quelque chose sans l'avoir devant les yeux. Par exemple, c'est le mode dans lequel se trouve un élève qui est capable de distinguer un carré d'un rectangle, mais sans pouvoir expliquer les raisons de sa distinction. C'est le mode où face à deux quantités d'objets, il en fait la somme mentalement.

Le mode suivant, le mode « *symbolique* », correspond à la transformation de la représentation mentale en une représentation abstraite. Ce mode représente l'accès à un mode symbolique. Le passage au système symbolique prend du temps. C'est pourquoi on dit que les enfants ont besoin de temps de manipulation, mais l'exploitation efficace de la manipulation nécessite le questionnement de l'enseignant qui va susciter la réflexion de l'élève.

À ce niveau, l'élève peut communiquer sa pensée non seulement aux autres, mais aussi à lui-même. C'est le mode dans lequel on va emmener l'élève pour qu'il utilise des symbolisations mathématiques (les différents signes opératoires par exemple, ou la symbolisation des propriétés géométriques).

Il faut avoir à l'esprit que selon les connaissances, l'enfant ou l'adulte reste dans un mode « préférentiel ».

Exemple :

Un exemple classique est celui du tangram. Sans modèle ni objectif, l'élève sera dans le jeu libre, le triangle pouvant devenir un avion... Avec un modèle donné, une consigne claire, l'élève va chercher à réaliser le modèle donné. Il va déplacer les pièces du tangram, les agencer, les retourner, chercher des indices sur le modèle, etc. De façon informelle, il va découvrir les propriétés de ces figures géométriques, par exemple que les deux triangles rectangles isocèles peuvent constituer un carré si on les associe correctement…en mettant des mots dessus, grâce au questionnement de l'enseignant, il pourra abstraire ces observations informelles et commencer à les mémoriser pour les réutiliser ultérieurement.

Comment favoriser ces transitions entre les modes ?

C'est là que le langage va jouer un rôle clé, comme de nombreuses recherches l'ont confirmé. Quand on demande à l'élève d'expliquer ce qu'il a fait, on lui permet d'approfondir sa compréhension.

Le langage va permettre d'aller vers l'abstraction. Pour que l'élève prenne conscience de sa démarche mentale, il faut l'accompagner. C'est un travers des fichiers « classique » où « tout » est donné. Il faut apprendre à l'élève à réfléchir, formuler des hypothèses, faire des liens, etc. Car ce n'est pas ce matériel de manipulation qui contient le savoir. L'apprentissage va se construire dans la mise en œuvre pédagogique : la façon dont l'enseignant exploite ce matériel, la verbalisation qu'il demande à l'élève sur son action, etc.

Pour permettre au matériel de favoriser cette évolution, il faut le choisir avec soin : le matériel doit permettre la mise en œuvre des compétences visées, il doit être attrayant, mais non distrayant, il doit être utilisable par tous les élèves, etc. Il faut être vigilant au fait que le matériel n'attire pas l'attention ailleurs par le biais d'une caractéristique non pertinente (par exemple la couleur du matériel), au risque de nuire à l'apprentissage.

L'efficacité du travail de manipulation va dépendre du contexte, de la façon dont l'enseignant a mené l'activité, l'importance et la qualité des rétroactions. Il s'agit de faire correspondre le matériel de manipulation concret choisi et l'activité avec les savoirs abstraits visés. La manipulation sera plus efficace en petits groupes.

Manipulation de cubes unités pour construire des dizaines et faire des opérations.

LA QUESTION DU LANGAGE

L'enseignement des mathématiques ne peut pas faire l'impasse d'une réflexion sur le langage. C'est presque une langue propre, avec un code écrit rigoureux et des désignations orales complexes. Cet aspect des mathématiques est trop souvent délaissé, voire non enseigné. Pourtant, les difficultés sont multiples :

- Comprendre que le mot « *un* » désigne à la fois l'indéfini dans la langue courante et une quantité, alors que d'autres langues disposent de deux mots différents. En anglais, l'indéfini c'est « *a* » et la quantité est « *one* ».

- Différencier les notions de cardinal et d'ordinal. La date, enseignée quotidiennement à l'école, s'écrit par exemple « jeudi 8 juin », ce 8 désignant le 8e jour du mois, mais aussi les huit jours qui se sont écoulés depuis le début du mois. Là encore, d'autres langues marquent la différence en utilisant le vocable « énième » (en anglais « *the eighth* »).

- Lier la désignation orale et écrite de la numération : qui possède ses mots propres (*onze, douze, treize…*), ou ses combinaisons complexes (*soixante-dix-huit ou quatre-vingt-dix-neuf*), là où d'autres langues font un lien direct (trente-six se dira « *trois dix et six* » dans les langues asiatiques par exemple).

- Appréhender le symbolisme : les signes opératoires : +, -, x, :, et tous les autres <, >, =, la barre de fraction, les codages en géométrie…

- Connaitre le vocabulaire mathématique et l'utiliser : addition /somme, soustraction/différence, multiplication /produit/facteur…

- Comprendre des mots d'origines différentes :

- Venant du latin (le « *quadri* » de quadrilatère, signifiant « quatre » ou « *segmentum* » de segment venant de « *secare* » qui signifie « couper »).

- Venant du grec : « *mètros* » qui signifie mètre, « *poly* » qui signifie plusieurs…

On tentera d'y remédier en faisant ce lien à l'étymologie avec les plus grands (*élèves de CM*).

- Décrypter la polysémie de l'écrit : le « 4 » qui a plusieurs sens différents selon sa position dans un nombre (par exemple dans 1444) ou dans d'autres situations, comme dans la fraction ¼.

Les mots mathématiques sont déjà des concepts, responsables directement de difficultés pour beaucoup d'élèves. Ne pas en avoir conscience, c'est prendre le risque de créer des malentendus avec les élèves (comme les abus de langage autour de « chiffre » et « nombre » …êtes-vous sûr bien distinguer les deux ?).
En outre, il y a des mots ou expressions qui sont utilisés dans la vie quotidienne et en mathématiques avec des sens différents. Par exemple, les conjonctions de coordination « et » et « ou », « si... alors... » ont des significations propres en mathématiques (logique) interprétées de façon variable dans un contexte naturel. C'est particulièrement vrai dans le domaine des grandeurs et mesures. Le mot « grandeur » n'est ainsi pas directement utilisé en classe et est remplacé selon le contexte par longueur, masse…dans le domaine des longueurs, le lexique est très varié : longueur, hauteur, distance, altitude, profondeur, taille, tour…et la difficulté pour l'élève est de comprendre qu'à chaque fois cela se réfère au même concept mathématique de « longueur ».

La question du langage est donc centrale dans l'enseignement des mathématiques. L'enseignant doit expliciter les termes et expressions, mais aussi encourager les élèves à échanger. Cela rejoint la nécessité de faire travailler les élèves en petits groupes. Ces échanges permettent aux élèves de confronter leurs idées, de formuler leur avis, de mettre des mots sur ce qu'ils font. Le rallye mathématique est par exemple très efficace à cet effet.

PENSER « VISUEL »

Les mathématiques sont complexes. Les concepts sous-jacents sont difficiles à appréhender et nécessitent la compréhension de nombreuses représentations : écriture, symboles, codages, etc. Cela pose particulièrement problème pour les élèves en difficulté et ceux qui souffrent de troubles des apprentissages.

Utiliser des supports visuels pour illustrer ces concepts est une aide précieuse. Représenter visuellement, c'est faire un schéma, un graphique, ou autre pour se faire une image mentale, illustrer les relations entre les objets en jeu. Cela demande de la pratique, tant pour l'enseignant que pour les élèves.

L'utilisation de couleurs peut aussi aider. Un schéma peut ainsi mettre en évidence des relations :

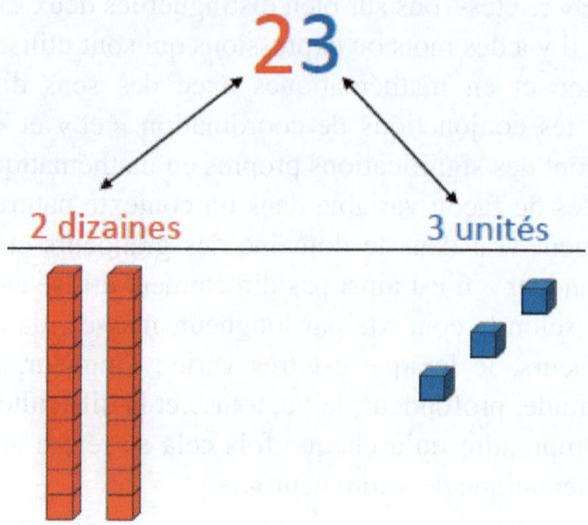

L'utilisation de vidéos ou d'animations permettra aussi d'illustrer des procédures. Les outils numériques seront alors d'une aide précieuse, car ils peuvent traduire des processus complexes à illustrer sous forme d'images. Une animation claire qui va à l'essentiel réduit le cout mental pour l'élève et donc lui sera utile pour acquérir des savoirs, notamment tout ce qui est « procédure ».

« Animations mathématiques. »

Site « mathvisuals »

https://huit.re/mathvisuals

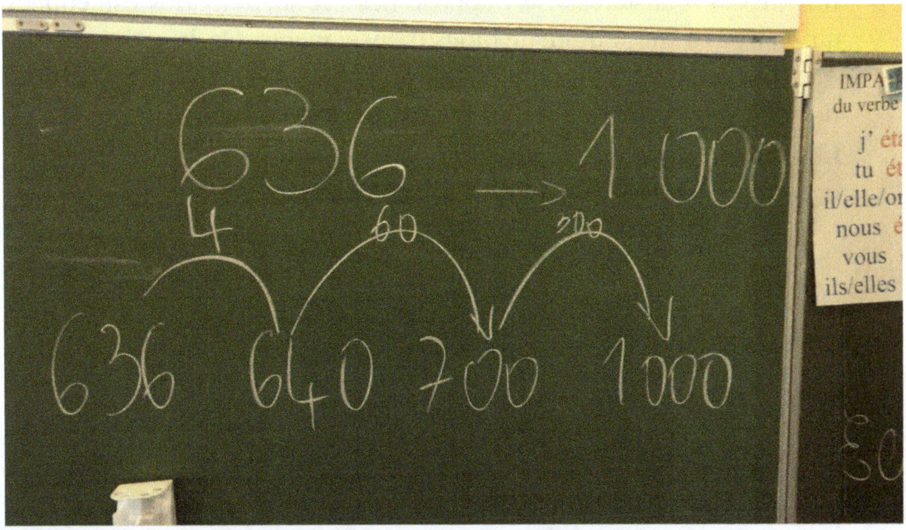

Synthèse par l'enseignante d'une procédure de calcul (CE2).

Les supports d'apprentissage

Dans la méthode, la manipulation va s'appuyer sur divers supports pensés pour permettre des apprentissages précis :

- Bande numérique, horizontale ou verticale, puis droite graduée.

- Cubes, ficelles, bâtons.
- Matériel de base 10 : cubes, barres, plaques.
- Calepin des nombres.
- Cartons nombres.
- Abaques.
- Formes géométriques.

Mais aussi :

- Des fiches d'exercices « classiques »
- Des fichiers ciblés sur un point précis
- Des jeux

Ces supports n'ont pas été pensés au hasard. Les fiches sont parfois jugées « austères », à l'opposé des productions très esthétiques qu'on trouve sur nombre de blogs d'enseignants. Or, la recherche (A. Tricot notamment) a montré l'importance de réfléchir sur la **lisibilité des supports** : éliminer tout ce qui est redondant, inutile, décoratif. Les outils élèves sont ainsi systématiquement au format A5, en police « Arial » (car adaptée aux élèves -dys), sans fioritures.

La place du jeu

Cette méthode offre une place explicite au jeu. La mise en œuvre de jeux mathématiques demandant des stratégies et donc une réflexion mathématique (anticipation, calculs…) permettra d'enrichir l'enseignement des mathématiques. Les jeux proposés dans la méthode ont été testés ainsi que l'éventail des variables didactiques qui permettent de faire évoluer le jeu en fonction des élèves, dans un esprit de différenciation.

Je distingue le jeu mathématique du jeu de société « classique », car le jeu mathématique, au-delà de son aspect ludique, a un objectif pédagogique ciblé : s'entrainer au calcul, mémoriser les différentes écritures chiffrées d'un même nombre, mémoriser les doubles, les compléments…pour apprendre, le jeu mathématique doit s'inscrire dans une situation didactique. La méthode privilégie les jeux avec un minimum de matériel, rapides pour une mise en œuvre efficiente, aux règles facilement compréhensibles. Ces différents critères renforcent l'autonomie, mais aussi l'efficacité du jeu et la mise en autonomie des élèves.

Le jeu sera une **activité d'entrainement** pour renforcer les apprentissages. Il permettra aussi d'offrir une vision positive des mathématiques.

Élèves de CE1 jouant à « comparator ».

LA RÉSOLUTION DE PROBLÈMES

La résolution de problèmes doit jouer un rôle fondamental dans l'enseignement des mathématiques, non seulement parce qu'elle est au cœur de toute activité mathématique, mais aussi parce qu'elle développe la réflexion mathématique et permet de faire le lien entre les connaissances et procédures acquises. La résolution de problèmes sert à appliquer ce que l'élève a appris dans des situations qui se veulent proches de la réalité (même si elles peuvent avoir l'air artificielles).

Le choix a été fait de consacrer un temps spécifique à la résolution de problèmes, en plus de diverses situations dans lesquelles l'élève pourra faire appel aux mêmes compétences mathématiques.

La méthode s'appuie sur les réflexions de Catherine Houdement, en classant les problèmes en trois catégories :

⇨ **Les problèmes numériques « basiques »** : ce sont des problèmes que l'on peut résoudre avec une seule opération. Le contexte est accessible aux élèves, les énoncés choisis pour limiter les problèmes de compréhension. Ils vont être travaillés dans la méthode dans les fichiers spécifiques. Chaque fichier de résolution de problèmes est alors associé à une programmation liée à la typologie des problèmes numériques de Vergnaud.

⇨ **Les problèmes numériques « complexes »** : ce sont des problèmes qui demandent plusieurs étapes, chacune des étapes étant en soi un problème basique. Ils vont être travaillés dans les situations d'apprentissages ou dans la boite à énigme.

⇨ **Les problèmes pour chercher** : ce sont les problèmes ouverts. Ils mettent l'élève en situation de recherche. Généralement, il s'agit d'un problème dont l'énoncé est ouvert, c'est-à-dire qu'il n'induit pas de solution ou de méthode « évidentes ». Il offre donc une certaine résistance et ne peut être résolu rapidement par la plupart des élèves.

Les objectifs des problèmes pour chercher sont multiples :

- Changer le rapport aux mathématiques. Certains problèmes sont ainsi totalement dénués de données numériques, ce qui déstabilise les élèves, mais leur offre à voir « autre chose ». C'est le cas par exemple des problèmes de logique qui se résolvent à partir d'un tableau de vérité. On les met en position de « mathématicien » qui cherche.
- Développer d'autres compétences : argumentation, mise en œuvre d'une démarche scientifique (car l'enfant va essayer, conjecturer, tester…), travail en groupe et de façon coopérative, écoute et prise en compte des avis des uns et des autres …

Concernant les problèmes numériques basiques, la progression en résolution de problème s'appuie sur la typologie de Vergnaud. Gérard Vergnaud a proposé une classification des problèmes additifs et multiplicatifs. Cette classification illustre les différents types de problèmes.

Par exemple, le problème « *Je suis venu à l'école avec 8 billes. J'en ai gagné 5 en jouant à la récréation. Combien ai-je de billes maintenant ?* » est ce qu'on appelle un problème de recherche d'état final. Les outils divers (manuels, fichiers, documents en ligne) ont tendance à focaliser sur certains types de problèmes (notamment la recherche de l'état final) alors qu'il faut travailler sur les différentes typologies.

La progression s'appuie donc du CP au CM2 sur un travail systématique des différentes typologies, programmées sur les 5 années de l'école élémentaire, chaque année reprenant les typologies vues les années précédentes pour en aborder une ou plusieurs « nouvelles ».

Cette progression s'appuie aussi sur des **choix didactiques** :

- L'élève doit faire des analogies avec des problèmes du même type qu'il aura déjà rencontré. Il doit identifier - implicitement souvent-la typologie de problèmes pour faire appel à sa mémoire et à la procédure déjà utilisée dans un problème modélisé.

- Pour mémoriser une procédure, l'élève doit réaliser un nombre conséquent de problèmes. La répétition et la catégorisation de problèmes selon des schémas donnés et modélisés sont fondamentales.

La méthode est organisée pour leur faire résoudre **plusieurs dizaines de problèmes** au cours de l'année. Le contexte est important : autoriser l'élève à se tromper, encourager à essayer, à revenir sur le problème, à accepter qu'il y ait plusieurs stratégies et que la sienne puisse être différente de celle de son voisin, etc. Le travail en binôme ou en groupe, notamment par les rallyes mathématiques, encourage cet engagement.

Résoudre un problème ce n'est trouver « la » bonne opération, mais c'est avoir un ensemble de stratégies disponibles pour affronter les différents cas. Il importera d'éviter des approches didactiques fausses, telles que les recherches d'informations utiles ou inutiles, l'identification d'opérations selon les mots (les inductions lexicales comme l'idée que le mot « reste » impliquerait une soustraction), etc.

Les stratégies à développer peuvent être des démarches du type essais-erreurs (hypothèses, déductions sur le texte), mais aussi l'utilisation de schémas. Ces stratégies **doivent être enseignées**, notamment le recours aux schémas. La méthode de Singapour fait ainsi le choix de résoudre les problèmes par une modélisation en barres. Celle-ci est difficile pour certains élèves. Il faut par exemple représenter des valeurs en euros par la longueur des barres, changement de grandeurs qui n'est pas accessible aux élèves en difficulté. Dans la méthode, il a été ainsi choisi de proposer **plusieurs types de schématisation**, afin de ne pas enfermer dans une méthodologie fermée.

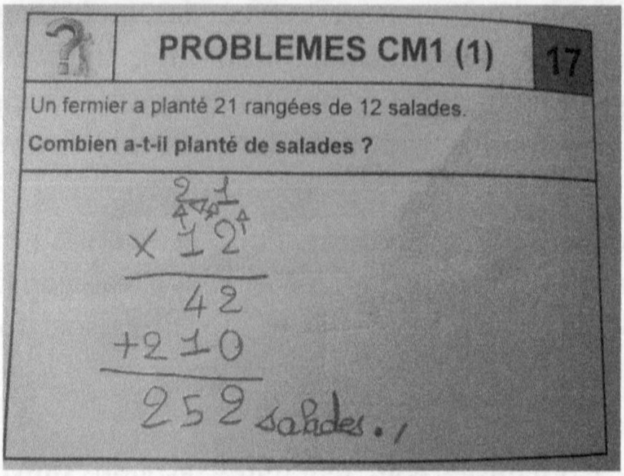

Exemple de résolution de problèmes (CM1).

Chapitre 8. Mise en œuvre de la méthode

PROGRAMMATION ANNUELLE

L'année scolaire dure 36 semaines, mais on constate très souvent qu'elle est réduite au regard de différentes contraintes liées à la vie de la classe et de l'école. Au regard des programmes, l'enseignant doit dispenser 180 heures de mathématiques par an. La méthode est conçue sur **160 séances** de mathématiques. Ces séances ont toujours une **durée d'une heure**[14]. Elles incluent les séances d'apprentissages, les évaluations, les séances de régulation, elles-mêmes facteurs de gestion du temps. Les 20 heures d'écart laissent ainsi la place aux contraintes de la vie de classe : les jours fériés, les projets particuliers, les sorties…cette organisation atténue la pression du temps et permet d'avancer sereinement.

Les rythmes scolaires ont donc **un enjeu sur sa mise en œuvre.**

⇨ Avec la semaine de 4 jours ½, cela correspond à une séance par jour de mathématiques.

⇨ Avec la semaine de 4 jours, cela implique qu'une fois par semaine il y ait deux séances de mathématiques d'une heure dans la même journée. Ce temps peut paraitre excessif, mais cette organisation n'a posé aucune difficulté dans les classes qui l'ont pratiquée. Il faut bien voir que les élèves ont l'habitude d'avoir deux heures de français par jour, si ce n'est plus, dans une semaine construite sur quatre journées pleines.

---

[14] Cette durée ne pose pas de soucis, même en CP, grâce au format des séances.

De façon générale, les séances peuvent être découpées en plusieurs morceaux répartis à différents moments des journées. C'est une modalité non nécessaire, car les élèves n'ont guère de difficulté à maintenir leur attention sur la totalité de l'heure prévue.

Il est important de se tenir à la programmation proposée et de suivre les séances. Au début, on peut être tenté d'en faire plus, de vouloir refaire telle ou telle activité, car on se dit qu'ils n'ont pas assez approfondi. Rassurez-vous : c'est la particularité de la méthode ! La programmation est construite de telle façon que chaque notion est répartie dans le temps long de l'année. Il faut avancer, laisser aux élèves le temps de « maturer » et reprendre avec ceux qui ont besoin lors des séances de régulation. Tous les collègues qui ont testé ont fait ce constat !

Enfin, la méthode s'inscrit dans un **principe de continuité** : elle est pensée sur l'année, mais aussi sur le cycle et enfin sur toute la scolarité élémentaire. Ainsi, les élèves retrouvent des fonctionnements similaires qui deviennent ainsi plus efficaces d'année en année. Ce principe de continuité s'applique aux fichiers qui connaissent des évolutions, mais aussi aux jeux. Par exemple, les élèves jouent au jeu de la cible du CP au CM2, selon des modalités différentes.

LA CLASSE

Comme c'est inscrit dans les principes fondateurs de la méthode, la question de l'environnement est fondamentale. Une classe organisée en « rangs d'oignons » ou en îlots, ce n'est pas la même chose ! Tout le monde n'a pas la même surface de travail, un mobilier adéquat…donc chacun fera avec ses possibilités. Mais il reste toujours des leviers de changement : enlever le bureau de l'enseignant, réorganiser les espaces de rangement…

Il faut créer un environnement d'apprentissage qui permette une **stratégie métacognitive,** ce qui nécessite une analyse réflexive de son fonctionnement. Cela doit être pensé en amont. De nombreux enseignants s'interrogent depuis quelque temps sur l'aménagement de leur classe et c'est une question récente, mais importante (voir sur les réseaux sociaux les réflexions sur le « *flexible seating* » par exemple).

Cela signifie concrètement :

- Avoir une classe qui se prête à **différentes modalités d'organisation pédagogique** : travail individuel, en binômes, en groupe. Cela demande donc une classe dans laquelle on peut circuler[15].

- Disposer d'une **zone d'affichages pour les mathématiques**. Celle-ci n'a pas besoin d'être très grande, car quand un affichage n'est plus utile, il devra être enlevé et remplacé. Ponctuellement, des affichages décrivant des procédures construites avec les élèves prendront place.

- Disposer d'un « **coin maths** » : un meuble ou une partie de la classe sera dédiée(e) aux mathématiques. On y rangera le matériel et les supports de travail. Ce coin est important. Il concourt à une acculturation des objets mathématiques.

Exemple de « coin maths » en CE2/CM1.

[15] Enlever le bureau de l'enseignant permet de récupérer le volume nécessaire…

Fonctionnement global

La méthode est constituée de **24 modules** de 5 à 8 séances d'une durée d'une heure environ. La durée de chaque module est en annexe 1. Vous avancez séance après séance. Vous vous arrêtez avant les vacances et éventuellement vous faites une séance de remise en route au retour des vacances pour réactiver la séance précédant les vacances.

Le module 24 est un module final de révision et d'évaluation, qui peut être facultatif.

Chaque module est construit sur le même schéma pour tous les niveaux de classe, ce qui permet une meilleure adéquation entre deux niveaux au sein d'un cours double. On suit chaque module, l'un après l'autre, une séance après l'autre.

Les séances sont parfois regroupées en un bloc, permettant de faire des rituels quasi identiques, et de proposer un fonctionnement en ateliers. Par exemple, si les séances 1 à 4 d'un module sont consacrées à un fonctionnement en atelier, ce sera le cas pour tous les niveaux, du CP au CM2, en cours simple ou double.

Dans certains modules, on trouve une séance dite de « régulation ». Celle-ci est à construire par l'enseignant. Son rôle et sa mise en œuvre sont expliqués infra.

Sur l'ensemble de ces modules, il faudra ajouter **un module en arts plastiques et géométrie** dont la mise en œuvre se fera sur l'horaire des séances d'arts plastiques. Ce module est important, car il concourt à réinvestir les compétences de mathématiques dans un autre contexte. Il est donc l'occasion de connecter les mathématiques au monde et de leur conférer une utilité esthétique.

L'organisation générale se décline ainsi :

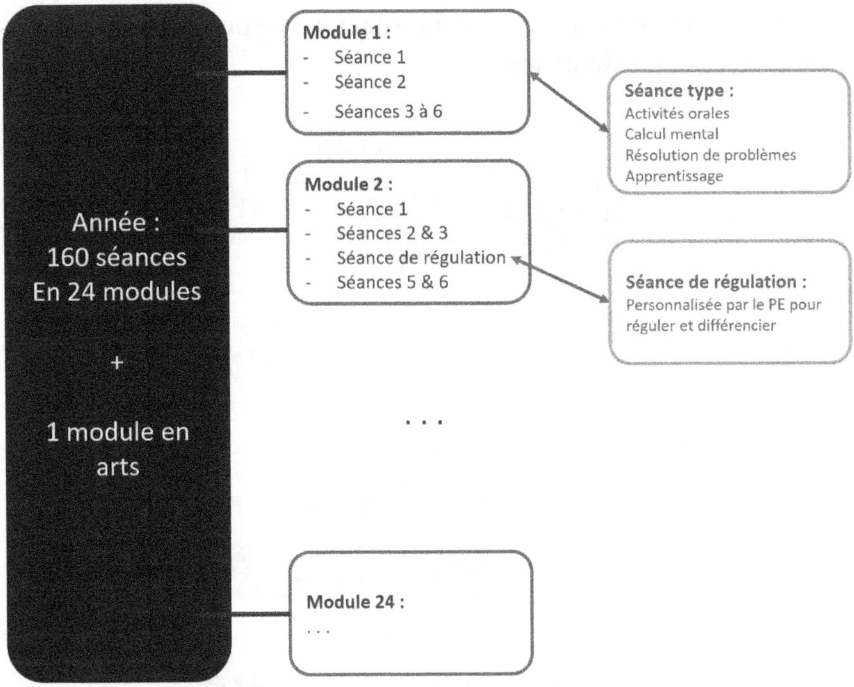

Schéma de fonctionnement.

SÉANCE CLASSIQUE

La démarche s'appuie sur un schéma « type » de séance mettant en œuvre plusieurs temps :

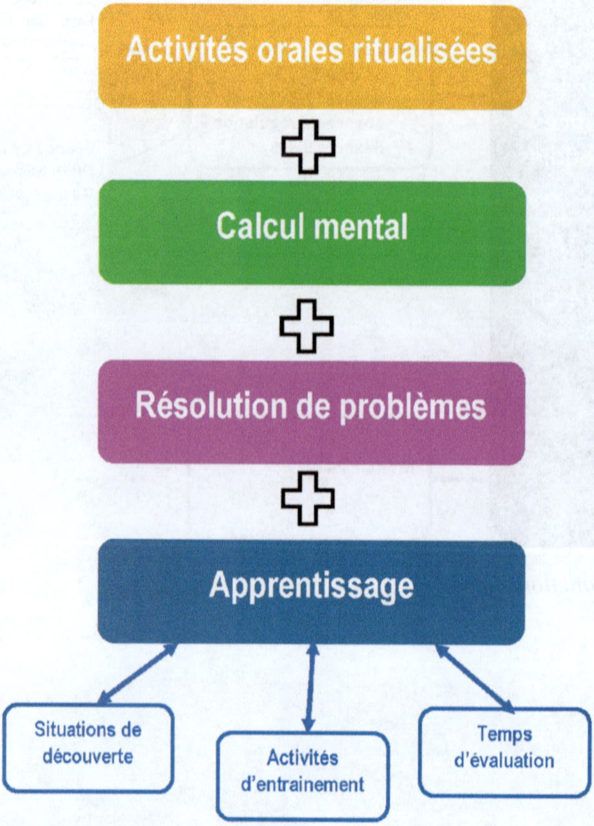

Les activités orales ritualisées

Certaines activités relèvent davantage d'une activité orale que de calcul mental, comme la lecture de nombres, la comptine numérique, le transcodage[16] de nombres. Ces activités démarrent la séance et offrent un espace sécurisé et sécurisant. Ces activités sont l'occasion d'une **rétroaction rapide et ciblée.**

---

[16] Transcodage = passage de la forme verbale du nombre à sa forme chiffrée.

Elles visent toujours un renforcement de connaissances (régularité et répétition) et sont complémentaires au travail sur le nombre et le calcul. Elles jouent un double rôle fondamental :

- Mettre en confiance les élèves pour la suite de la séance par des activités leur permettant d'être en réussite.

- Installer en mémoire des connaissances de façon durable grâce à une réactivation régulière et à un renforcement des connexions entre les différents apprentissages.

Elles feront appel aux outils de la classe : les doigts, la bande numérique puis la droite graduée, l'ardoise, etc. Par exemple :

- Réciter la bande numérique, à partir d'un nombre donné, à rebours, de *x* en *x* …

- Lire des nombres montrés par l'enseignant sous différentes formes (verbales, chiffrées, décomposées…).

- Écrire sur l'ardoise le nombre suivant (ou précédent) celui énoncé par l'enseignant.

- Écrire le maximum de nombres possibles à partir d'un stock de chiffres donnés, ou d'un stock de mots nombres.

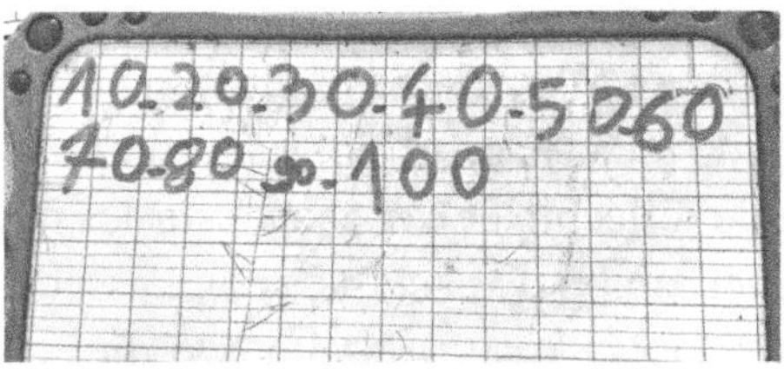

Exemple en CE1 « compter de 10 en 10 »

Le calcul mental

Le calcul mental ne doit pas être résumé à de simples techniques. Il a un rôle fondamental dans les apprentissages, en lien avec le calcul instrumenté et le travail sur les estimations et les ordres de grandeur qui est à renforcer. Le développement des compétences en calcul mental va directement servir à la résolution de problèmes. Je reprends la classification du calcul mental en calcul automatisé et calcul réfléchi, même si ce n'est pas le cas dans les programmes de 2015. Cette classification peut sembler plus claire sur l'activité intellectuelle de l'élève.

Le **calcul automatisé** consiste pour l'élève à retranscrire des résultats stockés et mémorisés : tables d'addition, doubles et moitiés, compléments…ainsi que les propriétés des opérations. La maitrise des automatismes est primordiale pour alléger la charge cognitive dans des tâches plus complexes.

Le **calcul réfléchi** sert à travailler plusieurs stratégies pour répondre à une même consigne. Par exemple, comment ajouter 9 à un nombre donné, comment multiplier par 10, etc.

L'enseignant explicite les procédures des élèves, les confronte. Ce temps favorise la réflexion de l'élève et lui facilite le choix de la stratégie à adopter face à une situation donnée. Il doit pouvoir disposer de son ardoise ou d'un brouillon pour s'exprimer et noter d'éventuels résultats intermédiaires (cela évite une saturation de la mémoire).

On travaillera notamment les décompositions de nombres, additives, multiplicatives, par rapport à 10…

L'automatisation de stratégies de décomposition/recomposition du type 4+3=4+1+2=5+2=7 est étroitement liée à la mémorisation. Les calculs sont alors la base de la mémorisation.

On gardera à l'esprit que le calcul mental n'est pas l'apprentissage de recettes de calcul sans compréhension, mais plutôt une gymnastique réfléchie et consciente sur les nombres, les propriétés des opérations, s'appuyant sur des connaissances mémorisées. On bannit donc les « techniques » comme de dire que « *multiplier par 10, c'est ajouter un zéro au nombre* », qui sont didactiquement fausses et qui créent des erreurs en ne s'appuyant pas sur le sens.

Au sein de la méthode, une part du calcul mental est régulièrement consacrée à des séries de calculs, le but étant de permettre par la pratique de mémoriser des faits numériques (comme 9 c'est 4+5).

Certaines procédures sont régulièrement entrainées pour viser l'automatisation de la procédure. Par exemple :

- En cycle 2, additionner deux nombres consécutifs c'est utiliser les doubles : 6+7=6+6+1.

- En cycle 3, multiplier ou diviser de tête un nombre par deux.

Le calcul réfléchi est favorisé afin d'entrainer l'élève à réfléchir par lui-même et à faire preuve de souplesse dans son rapport aux mathématiques, en osant chercher et essayer.

Certaines activités de calcul mental sont faites sur fiches :

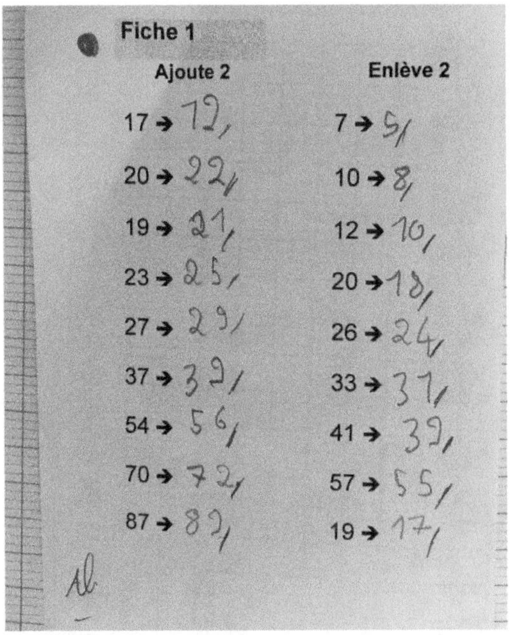

Pour tous les niveaux, du CP au CM2, chaque année, douze « chronomaths » sont réalisés. Ce sont des fiches de calculs chronométrées. Les CP ont 20 calculs à faire en 3 minutes, les CE1/CE2 en ont 30. Les CM1/CM2 réalisent 30 calculs en 5 minutes.

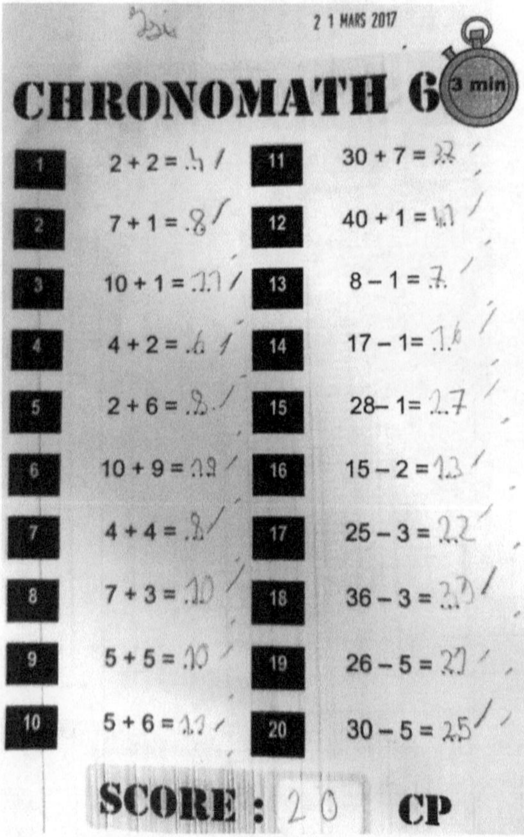

Le chronomath, activité de calcul mental chronométrée.

La résolution de problèmes

Les problèmes numériques

Dans la méthode, les problèmes seront traités sous deux formes :

- Soit oralement : l'enseignant lit l'énoncé du problème, l'affiche si besoin. Les élèves cherchent seuls, ou en binômes, sur un temps court.

- Soit par écrit : cela se fera majoritairement via les fichiers de problèmes.

Résoudre un problème c'est comprendre une histoire. Le contexte doit être accessible. Il ne faut pas oublier que ce n'est pas un exercice de compréhension, mais bien une activité mathématique. Si le contexte ne parle pas à un élève, on reformule dans un contexte accessible, en gardant le même schéma de problèmes.

Dans les temps de recherche laissés aux élèves, on constate souvent des élèves qui ne rentrent pas dans la recherche invoquant des *« Je ne sais pas faire ! », « C'est trop dur ! », « J'ai rien compris. »* ...pour lutter contre ces phénomènes, on a pris soin de choisir judicieusement les problèmes et de ne pas cumuler les difficultés dans les énoncés. C'est en les mettant régulièrement en réussite sur la résolution de problèmes qu'ils pourront ensuite rentrer dans des résolutions complexes.

Pour construire une représentation juste des problèmes, ils disposent en outre de la « **boite à problèmes** » qui est une boite contenant du matériel pour les aider à modéliser éventuellement la situation. Ce matériel consiste en de petits personnages pour mimer l'histoire, des jetons, des dés, cartes, etc. Le but est d'éviter qu'ils systématisent des procédures du type « *J'ai deux nombres dans l'énoncé, je les additionne* », mais qu'ils construisent une véritable représentation du problème. C'est souvent un problème d'inhibition (cf. chapitre 5 sur les apports des neurosciences). Ils ont tendance à activer cet automatisme implicite.

C'est la raison pour laquelle on leur présente et on les explicite comme étant des « histoires », voire des « enquêtes ». On les incite à verbaliser leur réflexion, qui ne sera ni corrigée, ni notée et qui pourra s'étaler sur une ardoise, un cahier de brouillon, voire mieux, dans le cahier de mathématiques !

Exemples de fichiers d'élèves :

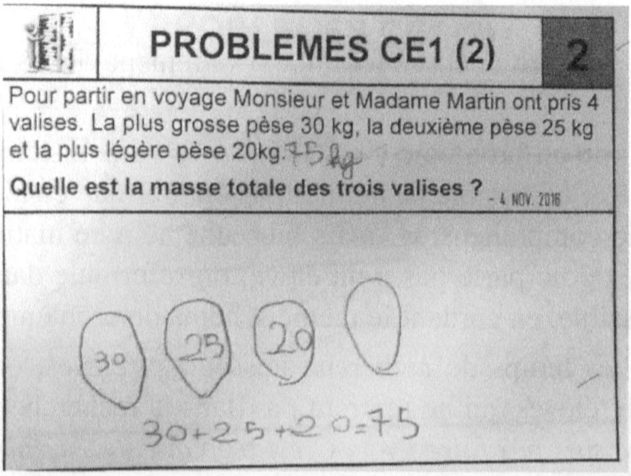
PROBLEMES CE1 (2) 2

Pour partir en voyage Monsieur et Madame Martin ont pris 4 valises. La plus grosse pèse 30 kg, la deuxième pèse 25 kg et la plus légère pèse 20kg. 75 kg

Quelle est la masse totale des trois valises ? - 4 NOV. 2016

30 25 20

30+25+20=75

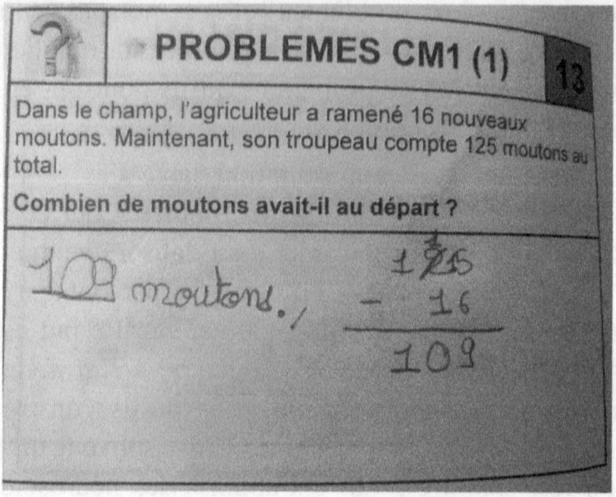
PROBLEMES CM1 (1) 13

Dans le champ, l'agriculteur a ramené 16 nouveaux moutons. Maintenant, son troupeau compte 125 moutons au total.

Combien de moutons avait-il au départ ?

109 moutons.

125 − 16 = 109

Les problèmes non numériques

Tout au long de l'année, les élèves vont rencontrer des problèmes non numériques, que ce soit en numération, géométrie ou mesures ou en gestion de données, mais aussi dans des situations diverses et variées.

Ces problèmes viennent compléter la progression sur les problèmes numériques, conformément aux programmes.

Les problèmes de recherche

Plusieurs fois dans l'année les élèves seront confrontés à des problèmes de recherche, qu'on appelle aussi « problèmes ouverts ». Ils vont être travaillés lors des quatre séances de rallye maths qui ont lieu chaque année dans la méthode. On en trouvera aussi dans certaines situations d'apprentissages proposées en classe.

Ces problèmes sont difficiles, mais sont appréciés. Ils demandent un travail collaboratif, de la persévérance, mais aussi la capacité à envisager différentes façons d'aborder un problème. Ils sont aussi l'occasion pour certains de témoigner d'autres qualités et de se mettre en avant. Ainsi, des élèves en grande difficulté ont été très efficaces sur des problèmes dits de logique et ont gagné en confiance.

Élèves en rallye maths en CM1/CM2.

La modélisation

Pour participer à la mémorisation des procédures de résolution des problèmes, un travail sera effectué sur la **modélisation des problèmes**. Au terme de plusieurs résolutions de problèmes de même type, par exemple la recherche d'un état final, une séance plus longue sera consacrée à la modélisation de la résolution du problème.

Exemple sur le problème suivant en cycle 2 :

« *La maitresse de la classe range les feutres de la classe. Elle avait acheté une boite de 28 feutres, mais elle doit jeter 11 feutres qui sont trop usés. Combien de feutres les élèves vont-ils pouvoir utiliser maintenant ?* »

1 – Mise en scène collective du problème posé :

Les élèves s'approprient seuls le problème et mènent leur recherche individuellement sur le support de leur choix. Ce temps de recherche donne ensuite lieu à une réflexion collective.

L'enseignant demandera aux élèves de donner sens à la situation en ayant recours au mime/théâtre, à des petits personnages, à des images à coller au tableau…tout ce matériel se trouve dans « la boite à problèmes ». Un élève pourra mimer la situation, les autres commentant. Dans l'exemple, l'enseignante pourra dessiner les feutres au tableau.

2- Représentation de la situation

On glisse de la mise en scène à une représentation plus symbolique. Plusieurs représentations sont possibles et peuvent se cumuler jusqu'à arriver à une écriture mathématique finalisée.

On pourra par exemple représenter les quantités par des barres de longueurs différentes, des diagrammes, des schémas, etc.

Dans un premier temps, les élèves commencent généralement leur représentation par un dessin. C'est une étape cohérente si le dessin correspond à la tâche à accomplir. Mais parfois l'élève accorde plus de temps aux détails qu'au sens mathématique de la situation.

Passer du dessin au schéma correspond à un cap (recodage de la situation). Cela ne peut se faire que si l'élève arrive à catégoriser et à rentrer la situation travaillée dans un cadre plus générique. Par exemple, lorsqu'il représente le nombre de moutons dans un problème par de simples ronds, tout comme il le ferait pour un problème demandant de compter des fruits…cet usage d'une convention doit être explicité pour être partagé par tous.

Le schéma, en épurant la représentation, allège la tâche et facilite la mémorisation d'une procédure. Plusieurs propositions de représentation sont faites dans la méthode (en annexes).

3- Résolution du problème

La mise en équation du problème étant faite, il reste sa résolution finale, correspondant souvent à un ou plusieurs calculs. Les élèves peuvent alors agir avec les outils dont ils expriment le besoin.

On pourra prendre l'habitude de procéder à la vérification du résultat obtenu avec la calculatrice.

Cette modélisation donnera lieu à la constitution d'une affiche de classe qui reprendra les différentes étapes : dessin => schéma => représentation mathématique. Sous cette affiche, on laissera un espace libre. Lors de la résolution des problèmes qui suivront dans les semaines et mois à venir, les élèves pourront venir coller dans cet espace l'énoncé des problèmes qui pour eux correspondent au « même schéma ». La mise en œuvre concrète de cette catégorisation doit leur permettre d'installer en mémoire la procédure et de viser son automatisation.

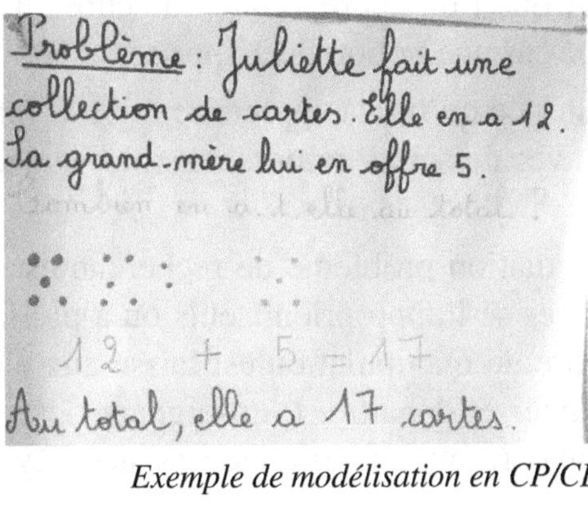

Exemple de modélisation en CP/CE1.

Situations d'apprentissage

Les situations d'apprentissage peuvent être de plusieurs ordres.

Les situations de découverte

Elles sont dédiées à la découverte d'une procédure de calcul réfléchi, d'une nouvelle notion, ou d'un nouvel outil.

Le choix de la « bonne » situation est fondamental. Les variables didactiques de la situation doivent être pensées en amont pour permettre une différenciation dans l'instant. Parfois la situation ne permettra pas à certains élèves d'accéder à l'objectif. Il faudra alors reprendre sans tarder le même objectif avec une situation différente visant le même objectif. Cela pourra se faire lors de la séance de régulation.

L'enseignant commence par une mise en situation :

- Rappeler les connaissances antérieures déjà vues en lien avec la suite.

- Indiquer aux élèves le contenu qui va être abordé. La présentation claire des contenus d'apprentissage est une étape clé. Les élèves doivent savoir ce qu'ils vont apprendre. Pour solliciter leur réflexion, cela peut se faire sous la forme d'une question. Par exemple : *« Comment peut-on additionner 9 à n'importe quel nombre et sans calculatrice ? »*

- Préciser que l'on apprend quelque chose de nouveau ou que l'on s'entraine sur une notion déjà apprise.

- Expliciter ce qu'on va apprendre : « *À la fin je serai capable de faire… »,* avec des mots compréhensibles et accessibles pour les élèves.

Puis, la situation problème de recherche est posée collectivement. Les élèves se l'approprient seuls ou à plusieurs. Tout le matériel nécessaire de manipulation est laissé aux élèves. Les élèves peuvent échanger et débattre. L'enseignant observe le travail, fait verbaliser, étaye. Il faut laisser du temps aux élèves.

- Une synthèse de la recherche est menée par l'enseignant, collectivement. Le choix des différentes propositions des élèves sera important. C'est à l'enseignant de choisir habilement l'ordre de présentation des procédures qu'il a observées lors de la phase de recherche. L'échange et le débat collectif doivent permettre la compréhension de la notion en jeu. Pour renforcer cette compréhension, l'enseignant fournit des exemples, mais aussi des contrexemples.

Ce temps s'achèvera par un temps de présentation par l'enseignant d'une ou plusieurs procédures répondant au problème. Il faut passer de la phase de recherche à un apprentissage, en décontextualisant.

L'enseignant modélise alors l'apprentissage, en ayant recours à toutes les aides visuelles nécessaires et utiles (dessin au tableau, collage d'objets aimantés, etc.), comme il procède pour la résolution de problèmes.

Cette modélisation est ensuite appuyée par un ou deux exemples pour permettre une appropriation de la notion travaillée et son transfert par la suite. Cette phase donnera souvent lieu à la rédaction d'une trace en vue d'un affichage collectif et sous format réduit d'un support individuel dans les cahiers. Les élèves pourront ainsi s'y référer au cours des séances suivantes.

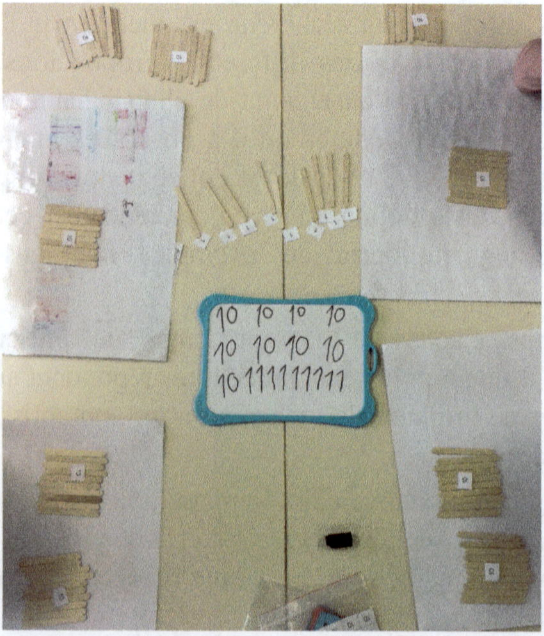

Exemple d'activité d'apprentissage en CP.

Les activités d'entrainement et de renforcement

Suite aux situations de découverte ou sur la totalité du temps « d'apprentissage », un temps d'entrainement permet de stabiliser et d'installer en mémoire les procédures et savoirs découverts précédemment. Ce temps est soit dirigé par l'enseignant qui veille à la bonne compréhension, soit il est conduit en autonomie. Pour cela, la méthode propose des modalités variées de mise en œuvre : les exercices pourront se faire seuls, en binôme ou en groupe, sous forme de jeux, d'exercices « papier » à copier dans le cahier, etc.

Plusieurs **corrections** sont alors possibles :

- La correction collective. Elle demande de la prudence, car elle ne génère que peu d'intérêt, ne mobilisant pas les élèves en difficulté et n'intéressant pas les bons élèves qui ont bien souvent déjà parfaitement réussi la tâche donnée. On pourra par exemple expliciter un cas, mais pas tous, solliciter un élève pour expliquer à une partie de la classe tandis que l'enseignant se concentre sur le groupe d'élèves en difficulté, etc.

- La mise en commun en petit groupe avec une régulation interne au groupe

- Une autocorrection avec un outil connu (calculatrice…).

- Une correction individuelle par l'enseignant en dialogue avec l'élève. Il faut toutefois bannir l'attente au bureau de l'enseignant ou les cahiers emportés à la maison !

- La correction par un pair.

Les temps d'évaluation

Un temps peut être utilisé pour l'évaluation qu'elle soit sommative, ou formative. On utilisera alors le tableau des apprentissages. Pour ceux qui ont choisi de fonctionner avec des ceintures de compétences, ce sera le moment de faire le point sur leur progression individuelle.

LES SÉANCES DE RÉGULATION

La méthode propose régulièrement des **séances de régulation**. Le contenu de ces séances est à construire par l'enseignant.

Elles sont inscrites dans la progression à des moments clés : après la découverte d'une notion, après une série de séances dont les contenus peuvent être denses…

Les objectifs de ces séances sont divers :

- Terminer ce qui ne l'a pas été, car une classe ne fait pas l'autre et la gestion du temps reste toujours complexe. Certains exercices n'ont pas été finis ou mériteraient un approfondissement.

- Travailler en groupe de besoins avec quelques élèves sur le point le plus problématique (élèves repérés par les observations quotidiennes de l'enseignant), pendant que les autres élèves sont en autonomie (grâce aux fichiers et aux jeux de la méthode). Cela permet de revoir des procédures sur des procédures (en lien avec les fichiers), sur leur tableau d'apprentissage (évaluations), d'avoir un entretien avec l'élève…

- Utiliser les fichiers et les jeux.

- Utiliser les compléments proposés dans la méthode.

- Utiliser les outils numériques proposés en « compléments » pour venir consolider un apprentissage.

Pendant ces séances, les enseignants peuvent recourir à d'autres outils et matériels que ceux proposés dans la méthode, car il existe une multitude d'autres outils pertinents.

Des indications sont données à chaque séance de régulation pour aider l'enseignant à la construire. C'est **le point fort** de la méthode : programmer dans le temps de la semaine des temps réguliers de médiation, d'aide aux élèves en difficulté. Ces séances fonctionnent très bien, permettant en outre à chaque enseignant de « personnaliser » la méthode avec ses propres outils. Elles permettent de réguler les apprentissages au fur et à mesure et offrent des moments d'échanges privilégiés avec les élèves.

CONCRÈTEMENT

Tous les documents relatifs à la méthode sont accessibles sur internet sur le site :

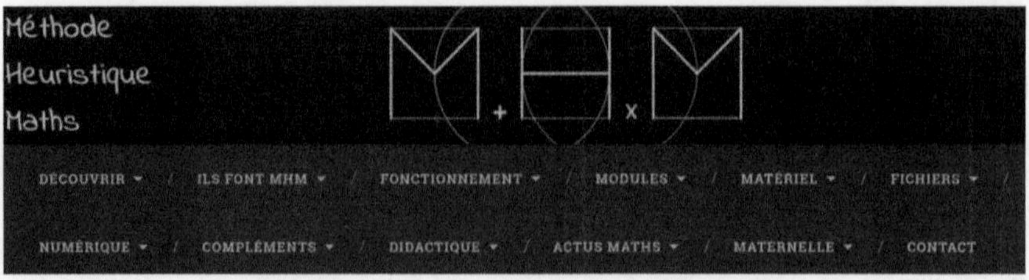

https://methodeheuristique.com

Les menus donnent accès aux différentes ressources à disposition. Dans l'onglet « Modules », vous pouvez accéder, pour chaque niveau proposé, à l'ensemble des documents. Une fois téléchargés, vous disposez d'un dossier par module, contenant le déroulé du module **et les documents nécessaires (dossier zip à télécharger)**, à l'exception du matériel, des jeux et des fichiers que l'on retrouve dans les autres menus du site.

Présentation des modules

Les modules se présentent toujours de la même façon.

On trouve pour chaque module :

⇨ Les objectifs majeurs du module.

⇨ La liste du matériel, avec un codage « basique » :

« + » = Matériel/Fiche/document spécifique au module

« @ » = Jeu (disponible sur le site)

« # » = Fichier (disponible sur le site)

⇨ Une page « **Ce qu'il faut savoir** » : elle explicite des points spécifiques et fait des apports théoriques et didactiques.

⇨ Les séances à proprement parler. Elles utilisent différents codes :

- La séance est séparée selon les différents temps : *activités ritualisées, calcul mental, résolution de problèmes, apprentissage*. Selon la particularité de la séance, tous ne sont pas développés.

- Chaque temps de la séance est séparé en deux parties pour les cours doubles : par exemple pour le CP/CE1, la partie gauche correspond au CP et la partie droite au CE1.

Cela demande d'adapter sa passation de consignes : s'habituer à donner deux consignes parfois en même temps. Dans cette configuration, une exigence de rigueur auprès des élèves est nécessaire. Parfois, on peut faire diriger cette partie par un élève, autonome, qui « dirigera » le groupe à sa charge. Cela fonctionne bien, responsabilise les élèves et les oblige à s'écouter.

- L'abréviation « **S3** » qui désigne la séance 3 du module.

- Le codage «(x3) » signifie que l'activité désignée doit être faite 3 fois de suite. On peut être tenté d'en faire plus…pourquoi pas…mais c'est au risque de faire durer la séance beaucoup plus longtemps que prévu…ces activités reviendront à d'autres moments, alors rassurez-vous ou reprenez en séance de régulation !

- L'information « *nombres entre 1 et 20* » signifie que c'est à vous de choisir les nombres pour l'activité proposée. Cela vous permet de différencier, en choisissant les nombres les plus adéquats.

- Les textes en gras font référence à un jeu ou à une activité dont le déroulé détaillé permettra de mener à bien l'activité (document à télécharger dans le module).

SEANCE 1

Activités ritualisées

– **Jeu du furet** collectif à partir de 40 (x1). Ils ont à leur disposition leur bande numérique personnelle pour se repérer. Quand c'est fini, les **CE2** ajoutent 200 au nombre final puis continuent le furet.

– Les élèves essaient de compter de 10 en 10 le plus loin possible sur l'ardoise. Les **CE2** commencent à 290.

+

Calcul mental

– Soustractions à l'ardoise : 7–3 ; 5–2 ; 8–1 ; 9–4 (**CE1**) et 17–3 ; 15–2 ; 18–1 et 19–4 (**CE2**)

– Ajouter une dizaine entière à un nombre donné : 43 +10, 52 +10 (**CE1**) et 243+10 et 552+10 (**CE2**)

Faire les deux exemples puis synthèse et discussion sur les procédures utilisées par les élèves. Expliciter comment on procède (écriture D/U).

+

Résolution de problèmes

Jeu du car.

Faire une découverte du jeu avec "Au premier arrêt, 1 personne monte, au deuxième arrêt, 2 personnes montent". Expliciter le raisonnement.

Faire sans matériel (sauf élèves en difficulté). Faire alors le cas :

CE1 : « *Arrêt 1 : 3 personnes montent – arrêt 2 : 2 personnes montent– arrêt 3 : 4 personnes descendent* »". **CE2** : idem et ajouter « arrêt 4 : 17 personnes montent. »

Recherche en binôme. Correction collective.

+

Apprentissage

NUMERATION : TRAVAIL AUTOUR DES DIFFERENTES REPRESENTATIONS DES NOMBRES.

Demander aux élèves de chercher dans leur cahier de maths toutes les représentations possibles du nombre « 17 » pour les **CE1** et le nombre « 123 » pour les **CE2**.

Leur laisser un temps de recherche individuel. Mise en commun. Faire la synthèse sur une affiche :

Le nombre peut s'écrire en chiffres, avec les doigts représentés s'il n'est pas trop grand, avec les cubes, en lettres, sous forme 10+7 et D/U …donner les représentations s'ils n'ont pas trouvé…recopier la synthèse dans le cahier de maths.

Pour différencier, vous pouvez dès le départ donner plusieurs nombres différents, en sachant qu'en passant 10 j'ajoute une difficulté. La synthèse permettra aussi de comparer dans ce cas.

Exemple Séance 1 du module 2 CE1/CE2.

LES OUTILS DE MANIPULATION

La méthode heuristique offre une **variété d'outils et de matériels** pour que les élèves s'approprient les différents concepts. Ils découvriront l'ensemble des outils **au fur et à mesure de l'année scolaire**. Dans certaines situations d'apprentissage, ils seront libres de prendre l'outil le plus adapté pour les aider. Pour les élèves les plus en difficulté, ce choix est toujours difficile. Ce sera donc à l'enseignant de proposer au regard des compétences des élèves observées antérieurement.

Parmi ces outils, il y en a qui servent à apporter un support visuel. En effet, expliquer en combinant la parole et les aides visuelles donne aux élèves les moyens de lier les informations.

La bande numérique

C'est un outil préalable à la droite graduée qui offre la première représentation linéaire de la suite des nombres. Elle permet de retrouver l'écriture chiffrée d'un nombre prononcé en défilant de case en case. C'est pour cela d'ailleurs qu'on la fait commencer à 1 et non pas à 0.

Pour éviter de mauvaises représentations, on peut visualiser et verbaliser aussi bien l'aspect ordinal que l'aspect cardinal : le doigt posé sur la case « 7 » représente la 7e case que l'on a comptée, mais aussi les 7 premières cases (en montrant « physiquement » la quantité, avec la main ou en posant en dessous un rectangle de la même longueur).

La bande horizontale est difficile à appréhender pour certains élèves, car implicitement elle suppose le sens de lecture gauche-droite. Une bande verticale est donc proposée et permet de travailler les mêmes notions que la bande horizontale, mais avec un rapport au langage différent. Sur la bande horizontale, le nombre est plus grand qu'un autre s'il est « plus loin ». Sur la bande verticale, ce sera s'il est « plus haut ».

La droite graduée

Ce sera un outil utile sur l'ensemble des cycles. Elle va servir pour l'apprentissage des propriétés des fractions et des nombres décimaux, et permettra de faire le lien avec les apprentissages sur les mesures. La droite graduée facilite le choix d'une unité différente selon l'usage visé.

L'élève prend conscience d'une différence essentielle avec la bande numérique : sur la droite graduée, il y a un pas pour la graduation : elle peut avancer de 1 en 1, de 10 en 10…et d'autres nombres existent entre les graduations.

Le matériel de numération

Un matériel est nécessaire pour aider à la compréhension de notre système de numération, particulièrement les principes d'échange. On utilise le petit cube pour l'unité, une barre pour la dizaine, une plaque pour la centaine (équivalent à dix barres collées), un cube pour le millier…

Le principe d'échange (une dizaine = 10 unités, 1 centaine = 10 dizaines = 100 unités) est fondamental dans la compréhension de notre numération, pour ne pas se limiter au seul travail de notre numération positionnelle. Les élèves doivent pouvoir considérer ces différentes représentations équivalentes (1 centaine = 10 dizaines = 100 unités).

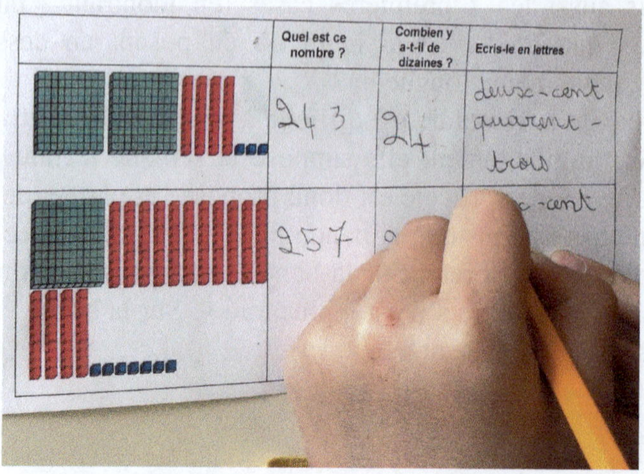

Activité « papier » avec matériel de numération à disposition.

Est-ce que la couleur des différents éléments est importante pour le matériel de numération en base 10 et les abaques ?

Il est important que l'on garde la même désignation de couleur (unité bleue, dizaine rouge, centaine verte) sur tous les documents (affichages, traces), mais cela ne pose de soucis pour le matériel de manipulation d'avoir des couleurs différentes. Pour les élèves les plus en difficulté, il est préférable d'avoir la même couleur pour comprendre que les dix cubes sont identiques à la dizaine (avec cubes emboités).

Vous disposez des documents au format modifiable donc vous pouvez changer si cela vous parait nécessaire.

Le tableau de numération

C'est un outil majoritairement utilisé dans les classes. Le tableau est divisé en plusieurs colonnes : unités, dizaines, centaines…il sera présenté progressivement, jusqu'à l'introduction de la partie décimale en CM. Il a sa place dans la méthode, à double titre :il offre une visualisation directe des échanges (1 millier = 1000 unités) et fait le lien avec les mesures et les conversions.

Dans les exercices de décomposition, recomposition des nombres, il sera un support utile pour certains élèves.

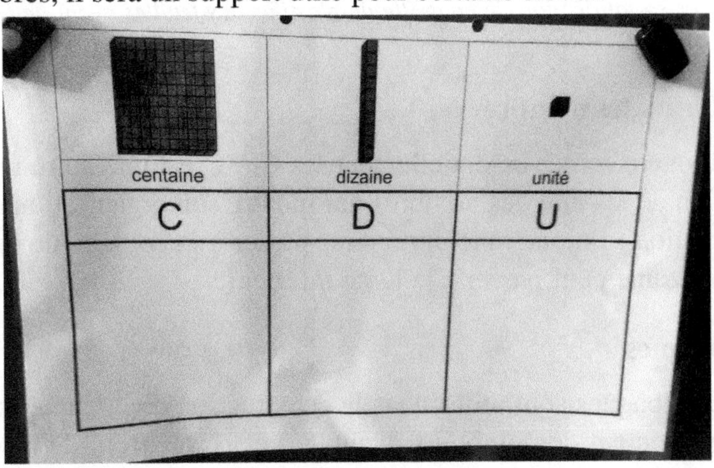

Le tableau de numération en CE1.

Le calepin des nombres

Ce calepin des nombres est un autre mode de représentation des nombres. Il permet de fabriquer les nombres en faisant tourner les pages. L'ajout de la représentation des nombres en barres de dizaines et cubes unités est un plus qui s'est avéré utile.

C'est un outil de lecture des nombres, mais il peut aussi servir à comprendre ce qui se passe lorsqu'on fait « +10 » à un nombre (car on verra visuellement qu'on a ajouté une dizaine), à additionner des nombres, etc.

Calepin des nombres CE1.

Pour sa fabrication, je conseille de plastifier les feuilles avant de les relier.

Le tableau des nombres

Il va concerner essentiellement les CP. C'est une autre représentation de la suite des nombres qui montre son organisation et sa construction : j'ajoute une unité pour passer à la colonne de droite et une dizaine pour passer à la ligne inférieure.

Les abaques

Les abaques sont utiles dans la construction de la numération. Elles présentent de nombreux avantages et permettront de travailler les échanges et regroupements. Elles apparaissent en CP après la mise en œuvre du jeu du banquier.

Les cartons mots nombre

Ce sont les étiquettes correspondant aux mots permettant d'écrire tous les noms des nombres.

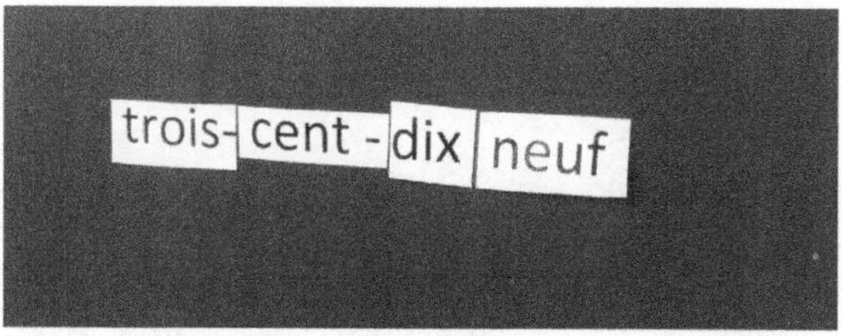

Au cycle 2, il y a **24 mots nombre** qui sont à utiliser :

« *Zéro, un, deux, trois, quatre, cinq, six, sept, huit, neuf, dix, onze, douze, treize, quatorze, quinze, seize, vingt(s), trente, quarante, cinquante, soixante, cent(s) et mille* ».

Le mot « zéro » ne désigne que le nombre 0 alors que tous les autres peuvent servir à écrire plusieurs nombres par association.

Au cycle 3, il faudra ajouter : « *million(s)* » et « *milliard*(s) ».

Pour l'écriture des nombres en lettres, les règles de l'orthographe rénovée de 1990 sont de rigueur. Ainsi, les numéraux composés sont systématiquement reliés par des traits d'union.

Par exemple : *trente-et-un, deux-cent-mille, neuf-centièmes.*

Cela présente un avantage de compréhension sur le sens : l'élève en CM pourra distinguer « *vingt-et-un-dixième* » et « *vingt et un dixième* ».

L'apprentissage de l'orthographe de ces mots nombre fait partie des apprentissages visés au cycle2. On le construira en mathématiques, et lors des séances de maitrise de la langue.

Les cartons nombres

On les appelle souvent « cartons Montessori ». Ces cartons offrent une autre représentation des nombres. Ce matériel fait le lien entre l'**écriture positionnelle en chiffres du nombre et la lecture de ce nombre** (est basée sur une numération de type additive et multiplicative). Par exemple, quand l'élève entend « *soixante-dix-huit* », il prend les cartons correspondant à « soixante », à « dix » et à « huit » et les superpose. Il voit alors concrètement qu'il y a 8 unités et 7 dizaines (6+1). Ce matériel lui permet alors aussi de construire la décomposition du nombre :

78 = 60 + 18 = 70 + 8

On peut aussi adjoindre à ce matériel les cartons noms de nombre pour faire le lien.

Fabriquer 72 avec les cartons nombres.

On pourra les utiliser en **cycle 3** pour travailler sur les grands nombres et mieux comprendre l'écriture de grands nombres comportant de nombreux zéros, comme « 1 025 108 », puis avec la partie décimale.

La boite à problèmes

La boite à problèmes contient du matériel divers et varié pour aider les élèves à représenter les problèmes qu'ils vont rencontrer. On y trouve par exemple des jetons, de la ficelle, des petites boites, des personnages, du papier, des crayons, des dés, etc.

Les autres supports

Dans l'année, d'autres matériels seront utilisés, comme la monnaie (utile pour travailler sur la numération) ou des brochettes et de la pâte à modeler (pour construire des solides).

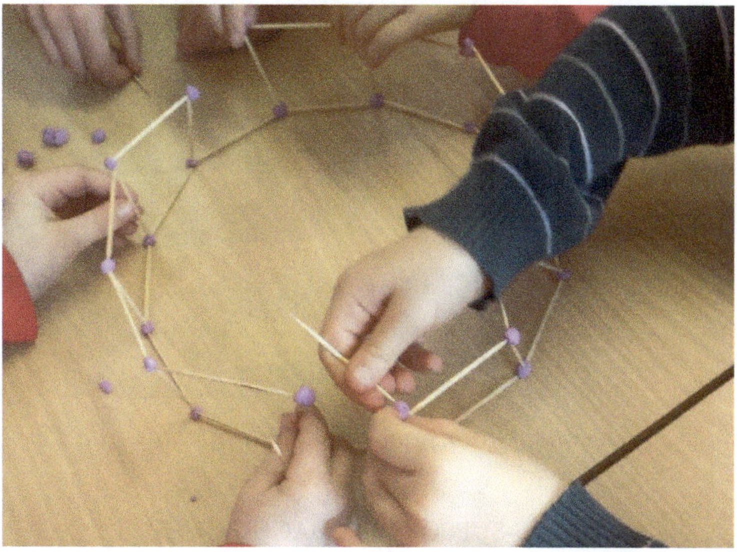

Fabrication de solides avec des cure-dents et de la pâte à modeler.

Les legos

Ils sont proposés dans la méthode comme **matériel alternatif en cycle 2**, qui pourra remplacer, étayer certaines séances de numération. Ce sera à vous d'y avoir recours en « remplacement » d'une activité similaire, par exemple « les frites » en CP. **En cycle 3**, ils seront utilisés pour travailler sur les fractions, ou à d'autres occasions. Ils peuvent servir à :

- Composer/décomposer : 6 c'est 4+2 mais aussi 3+3
- Matérialiser dizaines, unités
- Travailler les doubles et moitiés
- Comprendre que 6 c'est 1+1+1+1+1+1 (6 fois)…
- Comparer : 4 < 9
- Additionner / soustraire : 6 + 6 = 12
- Faire l'inventaire des compléments à un nombre donné
- Illustrer visuellement la multiplication
- Faire des symétries

Décompositions additives/multiplicatives de 12.

LES SUPPORTS PÉDAGOGIQUES

Le cahier de mathématiques

Dans le cadre de la mise en œuvre de la méthode, deux cahiers sont conseillés :

- un cahier petit format pour les leçons qui suivra l'élève sur la totalité du cycle. Un cahier de 48 pages suffit.

- un cahier d'exercices petit format dans lequel il écrit ses dictées de nombres, son calcul mental, les traces de ses recherches, colle des fiches d'exercices de numération ou de géométrie, etc.

Du CP au CM2, deux cahiers de 96 pages sont nécessaires environ. Il s'agit de collage de documents, mais aussi de traces de recherches, d'exercices écrits, etc. Le cahier du jour « traditionnel » peut éventuellement remplacer ce cahier d'exercices.

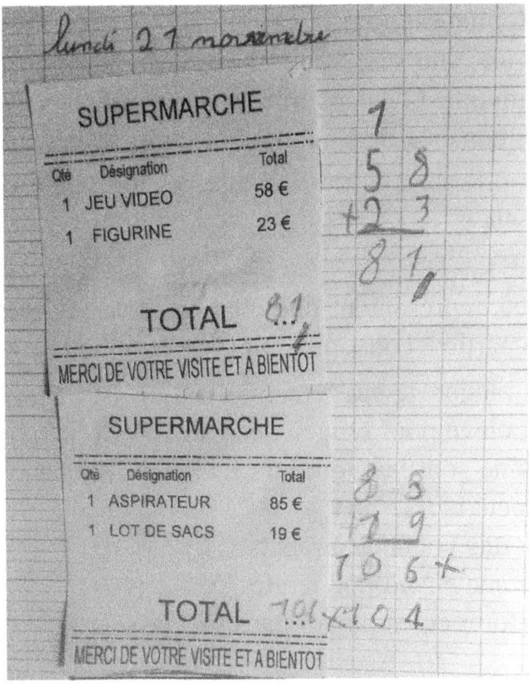

Extrait cahier CE1.

Les fichiers

La méthode s'appuie sur des fichiers papiers petit format. Ils ciblent des compétences particulières et servent d'entrainement et de renforcement des compétences. Ils sont basés sur le principe d'une progression, les premières fiches étant volontairement « faciles » pour comprendre le principe, la consigne et mettre en réussite. Les fichiers ont été conçus pour que l'élève travaille à son rythme (donc on suit l'ordre !), selon son niveau de compétences, en autonomie. L'objectif est que les élèves fassent au moins la moitié des fichiers sur l'année scolaire, l'autre moitié étant destinée à différencier.

Ces fichiers sont au nombre de 12 à 14 selon les niveaux. Ils sont à imprimer en mode « livret » au format A5. Ce format est attrayant pour les élèves. Ils ont l'impression d'avoir de nombreux livrets de travail ludiques. Ils se les approprient avec plaisir et motivation.

Leur présentation est volontairement très accessible : le superflu a été éliminé, leur présentation est homogénéisée, l'écrit limité au strict minimum. C'est pourquoi ces fichiers peuvent revendiquer être une des clés de l'autonomie dans la méthode et permettent aux élèves de réaliser de nombreux exercices sur une temporalité longue.

Ces livrets représentent une quantité non négligeable de photocopies et la partie « consommable » de la méthode.

Pour les ranger, je suggère l'utilisation de porte-vues A5. Un porte-vue par élève pour ranger l'ensemble des fichiers de l'année. Toutefois, ils ne sont pas toujours faciles à trouver chez les fournisseurs. On peut alors :

- Utiliser une pochette à rabats.
- Utiliser une enveloppe Kraft A5.
- Les perforer et les ranger dans un classeur A5.

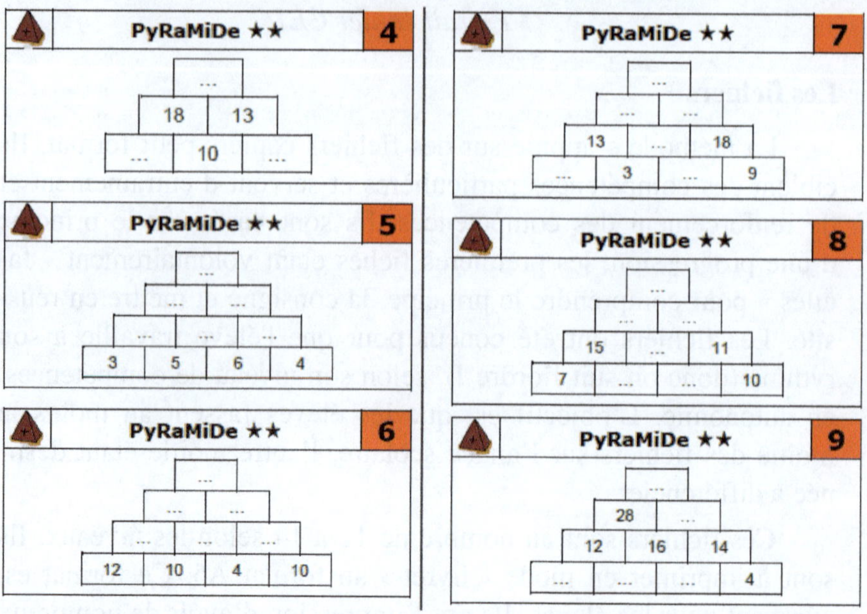

Fichier « Pyramide » destiné aux élèves de CE1.

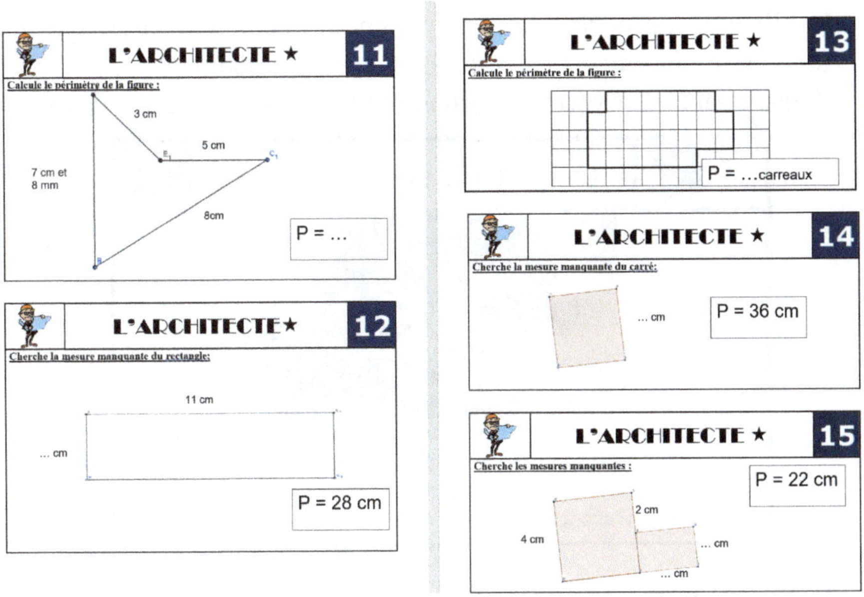

Fichier « Architecte » destiné aux élèves de CM.

La boite à énigmes

La boite à énigmes sera introduite dans un module au cours d'une séance spécifique. Elle ne démarre au cycle 2 qu'en deuxième partie d'année (au regard de l'accès à la lecture et à la méthodologie de résolution de problèmes).

Ni tout à fait fichier, ni tout à fait jeu, la boite à énigmes propose une série de problèmes numériques plus ou moins complexes, construits notamment autour d'une photographie. Celle-ci peut simplement servir d'illustration ou être indispensable à la résolution. Les problèmes proposés ont un niveau de difficulté très varié. Cela permet de différencier à tous les niveaux. L'utilisation de la boite est proposée dans quelques modules, mais les élèves pourront « piocher » dedans lors des séances de régulation ou en activité de délestage.

<u>**Contrairement aux fichiers**</u>, il n'y a pas de progression. Les numéros des problèmes sont indicatifs et sans rapport avec la difficulté. La feuille de route propose plusieurs cases, permettant à l'élève de procéder à plusieurs essais. Par exemple, il peut prendre l'énigme 7, la lire, ne pas comprendre et la reposer. Il a alors

l'obligation de cocher la case pour témoigner qu'il a essayé une fois cette énigme. Les solutions sont uniquement destinées à l'enseignant pour vérifier rapidement la proposition d'un élève.

La boite à énigmes ★★ **13**

A-Pour changer le pneu, il faut démonter tous les boulons. Combien faut-il en enlever pour changer les quatre roues ?
B- Il faut 12 minutes pour changer chaque roue. Combien de temps faudra-t-il pour changer les quatre roues ?

Les outils numériques

La méthode propose l'utilisation d'outils numériques. À quelques séances près, ils sont proposés en sus, car toutes les classes ne disposent pas d'un matériel fonctionnel et disponible. Pourtant, il serait nécessaire que toute classe dispose à minima d'un matériel de visualisation collective, qui offre une plus-value directe à la pédagogie (vidéoprojecteur, TBI, VPI …), mais aussi d'une ou deux tablettes, outils pratiques pour visualiser rapidement une animation ou une vidéo par exemple.

Ces outils vont permettre selon les cas d'atténuer la charge cognitive inutile, de proposer des rétroactions systématiques, d'illustrer une procédure…ils doivent répondre à **plusieurs critères** : être faciles à utiliser, tant pour l'adulte que pour l'élève, être accessibles, laisser une trace ou venir en lien direct avec l'activité de classe.

Leur utilisation n'est pas indiquée dans les modules : c'est à vous d'en juger la pertinence. Ils trouvent aussi toute leur place dans les séances de régulation.

Ces compléments numériques sont de plusieurs ordres :

- **De type « outil »** : ils offrent des représentations, des visualisations des notions travaillées (par exemple voir un patron de solide qui se déplie en 3D, une balance virtuelle…). L'aspect « animation » est fort intéressant pour développer la pensée visuelle.

- **De type « exerciseur »** : pour que l'élève s'entraine et dispose d'un feedback automatique, par exemple sur les compléments à 10, sur les tables, sur les décompositions de nombres…

- **De type « pour aller plus loin »** : ils offrent alors d'autres activités pour les élèves particulièrement en avance.

La gestion du temps dans la méthode

Le facteur temps est important au regard de la réussite des élèves. Quand on dispense aux élèves un enseignement uniformisé, on va vite être confronté à un fonctionnement de classe gaussien :

- Un petit nombre d'élèves est en grande difficulté, souvent incapable de réaliser les tâches demandées sans aide.

- Un « noyau mou » d'élèves suit peu ou prou, obtenant des réussites moyennes et demandant l'étayage de l'enseignant pour avancer.

- Un petit nombre d'élèves est en grande réussite et mène à bien les tâches demandées, souvent très rapidement ce qui oblige à les « occuper ».

Le but de la méthode est aussi de changer ce fonctionnement typique de classe et d'insister ainsi sur la valorisation des progrès de chacun. Elle va donner le temps et surtout les moyens aux élèves les plus en difficultés pour avancer et construire leur autonomie, et permettre aux élèves les plus performants d'approfondir leurs apprentissages et de ne pas se sentir lésés. Cela sous-entend aussi un **temps différencié** pour les élèves. Certains ont besoin de davantage de temps pour accéder aux mêmes apprentissages pour des raisons multifactorielles.

Pour mettre en place ce fonctionnement, plusieurs possibilités :

- Utiliser les séances de régulation pour reprendre en aide dirigée les élèves les plus en difficulté. Un temps en individuel ou en petits groupes avec la médiation de l'enseignant est efficace.

- Utiliser l'APC (aide pédagogique complémentaire) pour ces élèves, à raison d'une fois par semaine entre 30 et 45 minutes. Cela ne sera peut-être pas nécessaire tout au long de l'année, mais a minima lors des nouvelles acquisitions. Enseigner, c'est faire des choix et privilégier les mathématiques en APC peut aussi être porteur dans les autres disciplines.

- Faire appel au RASED et travailler en co-intervention.

LA DIFFÉRENCIATION

La différenciation reste une vraie difficulté dans sa mise en œuvre, tout autant que c'est une nécessité.

Les postulats de Burns

Ces sept postulats doivent être gardés à l'esprit pour penser à la différenciation en classe :

1 - Il n'y a pas 2 apprenants qui progressent à la même vitesse.

2 - Il n'y a pas 2 apprenants qui soient prêts à apprendre en même temps.

3 - Il n'y a pas 2 apprenants qui utilisent les mêmes techniques d'étude.

4 - Il n'y a pas 2 apprenants qui résolvent les problèmes exactement de la même manière.

5 - Il n'y a pas 2 apprenants qui possèdent le même répertoire de comportements.

6 - Il n'y a pas 2 apprenants qui possèdent le même profil d'intérêt.

7 - Il n'y a pas 2 apprenants qui soient motivés pour atteindre les mêmes buts.

La première réponse de la méthode est ainsi d'offrir une grande variété de situations et d'outils pour que chaque élève construise son chemin d'apprentissage. L'importance du rôle de l'enseignant, notamment par les rétroactions, concourt aussi à limiter le besoin à différencier en réalisant une médiation et en agissant avant que l'incompréhension ou la difficulté ne s'installent.

« Carte mentale sur la différenciation. »

http://formateur.eklablog.com

https://huit.re/cartedifferenciation

De façon générale, la méthode propose une réflexion sur la différenciation dans les descriptifs des séances.

Pistes pour les élèves en difficulté

La méthode n'a rien de miraculeux. Elle a prouvé dans de nombreuses classes qu'elle limite la difficulté scolaire notamment par la motivation et l'entrée en activité suscitée chez les élèves, mais les difficultés persistent chez un certain nombre d'entre eux. J'insiste toutefois sur l'importance de **ne pas baisser les exigences** en pensant les aider. Il faut maintenir des attentes élevées.

Les principes pédagogiques et didactiques posés dans la méthode sont au cœur de l'aide aux élèves en difficulté : pédagogie explicite, rétroaction, évaluation formative…ces pratiques ont fait leurs preuves et doivent guider l'étayage pour ces élèves. Lorsque vous vous inquiétez pour un élève, parce qu'il est en décalage et n'arrive plus à suivre, il faut poser un « diagnostic » nécessaire à la compréhension de l'origine des difficultés :

• **Troubles cognitifs** : retard global, déficience intellectuelle légère ou non, déficit de mémoire de travail…

• **Troubles psychologiques** : incapacité de rentrer dans les apprentissages de façon générale pour des raisons psychologiques (relations intra familiales, traumatisme, vécu personnel), sentiment d'incompétence spécifique aux mathématiques (parfois entretenu familialement).

• **Troubles de type -dys**, multi -dys…la dyspraxie est handicapante en mathématiques…et des adaptations existent. De même, la dyscalculie est un trouble réel, qui pose de vraies difficultés pour les élèves. Or c'est un trouble moins diagnostiqué que la dyslexie alors qu'il est aussi fréquent.

• **Accumulation de lacunes** : les « bases » des années précédentes ne sont pas là et les mathématiques ne font aucun sens pour l'élève.

• **Inadaptations des contenus** ou insuffisances des démarches d'enseignement proposées.

On ne doit pas s'exonérer de ce travail d'analyse, primordial pour apporter la juste réponse ! Selon votre analyse, vous mettrez en place diverses adaptations : suivi(s) extérieur(s), proposer d'autres entrées dans les notions, consacrer davantage de temps à l'élève, proposer une aide humaine renforcée (reformulation, rétroactions ciblées, tutorat par un pair…), chercher des outils adaptés …

Sur le plan « mathématique », il semble fondamental de **reposer les bases** pour que l'élève « raccroche les wagons ». Cela doit rentrer dans le cadre d'un PPRE et va demander un investissement particulier. Quand le décalage et les difficultés sont importants, quelques aménagements ici et là ne suffisent plus ! Il faut **prioriser.** Peu importe leur niveau, les bases à acquérir doivent être :

⇨ La compréhension des nombres (propriétés du système décimal) : en fixant plusieurs niveaux : jusque 10, 20, 100, 1000 et ensuite les grands nombres, fractions et décimaux.

⇨ Les fondamentaux du calcul mental : connaissance des résultats élémentaires (tables d'addition et de soustraction), sous leurs différentes formes. Connaissances de procédures de base : ajouter/enlever 1, 9, 10, *x* dizaines/centaines…

⇨ La résolution de problèmes simples, en adaptant la taille des nombres au champ connu par les élèves et en choisissant le contexte selon leurs capacités. On pourra aussi :

- Donner à l'élève un problème résolu et lui demander d'expliquer la solution.

- Donner à l'élève un problème avec la solution partiellement résolue.

- Éliminer toutes les informations inutiles.

- Proposer d'autres sources : auditives, visuelles ...

⇨ La compréhension du sens des opérations et la connaissance des techniques opératoires, des propriétés des opérations et de leurs liens avec la numération.

Pour cela, vous trouverez sur le site **deux plans d'urgence**, un en cycle 2 et un autre en cycle 3 !

Utilisez tout ce qui est à votre disposition pour atteindre ces objectifs : APC, aide du RASED, collaboration avec les parents, séance de régulation, outils numériques, étayage renforcé, tutorat, suppression de certains contenus prévus dans la méthode au profit de ces bases, etc.

Pistes pour les élèves en réussite

Pour les élèves en réussite, la méthode propose un certain nombre de compléments, outils, jeux et activités supplémentaires qui vont leur permettre de s'épanouir, mais aussi de renforcer leurs apprentissages en faisant des mathématiques autrement. On peut aussi :

- Les mettre en tutorat d'autres élèves.

- Leur faire animer un groupe de travail.

- Leur proposer une version plus résistante du même travail (*opérations avec des nombres plus grands, plus de nombres à ranger en ordre croissant, davantage de figures géométriques, etc.*).

- Leur proposer des exercices complémentaires plus complexes, qui vont plus loin…vous n'avez pas le temps de leur créer des exercices en plus ? Laissez-les les créer eux-mêmes !

- Leur proposer les fichiers du niveau supérieur.

- Leur proposer de créer de nouvelles fiches pour un fichier donné par exemple (créer leur propre fichier de résolution de problèmes, de géométrie...) et le leur faire informatiser ! Ou leur faire créer des pyramides de calculs...

- Leur proposer des projets à réaliser sur une période longue : projets « mathématiques et arts », constructions à partir de patrons, exposé sur les unités de mesure à l'étranger ou sur les autres numérations (égyptiennes, mayas…), projet sur la programmation, création d'un livret sur les mathématiques au moyen-âge (CM), fabrication d'un lapbook, etc. Le site propose de nombreux compléments allant en ce sens.

L'expérience a montré que la méthode déstabilise au premier abord les « bons » élèves, notamment les plus scolaires d'entre eux. Toutefois, par la suite, ils s'épanouissent et l'écart se creuse parfois. Il n'est pas rare que rapidement quelques élèves se retrouvent en grande réussite, voire à être en capacité de suivre le niveau supérieur. C'est dû au fait que la méthode a été conçue pour répondre aux besoins de tous les élèves !

Les leçons

La place de l'écrit dans l'enseignement des mathématiques est importante. Les leçons sont des traces écrites qui visent à deux objectifs :

- Une fonction d'institutionnalisation des savoirs. Cela permet de formaliser les savoirs, de poser le vocabulaire mathématique.
- Une fonction méthodologique : par exemple en CM la leçon « *Comment tracer un carré ?* ».

Les leçons sont polycopiées. C'est un choix pour offrir une trace propre, claire, adaptée aux élèves -dys, et utilisable tout le cycle. Cela n'empêche pas qu'au besoin, vous personnalisiez et ajoutiez des commentaires, exemples ou contrexemples construits collectivement avec la classe. La plupart du temps, elles sont associées à une vidéo des « fondamentaux » de Canopé. Ces supports sont une aide, tant à la mémorisation qu'à la compréhension, notamment lorsqu'ils révisent la leçon à la maison.

Dans la méthode, la leçon ne vient pas toujours après la découverte ! Elle est parfois proposée plus tard, après une nouvelle réactivation du savoir. C'est volontaire, dans l'esprit de la programmation neuronale. Le choix du nombre des leçons, des savoirs abordés, est personnel. D'autres leçons pourraient être ajoutées. L'idée est de ne pas en avoir trop afin que les élèves puissent facilement s'en servir et les retrouver. Elles doivent devenir de véritables références que l'élève choisit et utilise dès qu'il en a besoin.

Il faudra donc encourager ce comportement pour qu'il devienne une habitude. La leçon est un outil parmi les autres.

Une progressivité dans les leçons est installée du CP au CM2. Certaines leçons sont semblables d'une année à l'autre, les variations étant minimes. Cela concourt aussi au rappel en mémoire. La quantité d'écrits évolue aussi vers des attendus de cycle 3 plus exigeants, en prévision du collège et des écrits des manuels.

Delphine Thibault, PEMF et blogueuse, propose des versions « manipulatoires » des leçons. Cela permet aux élèves de se les approprier, de jouer avec, pour mieux inscrire en mémoire les savoirs visés.

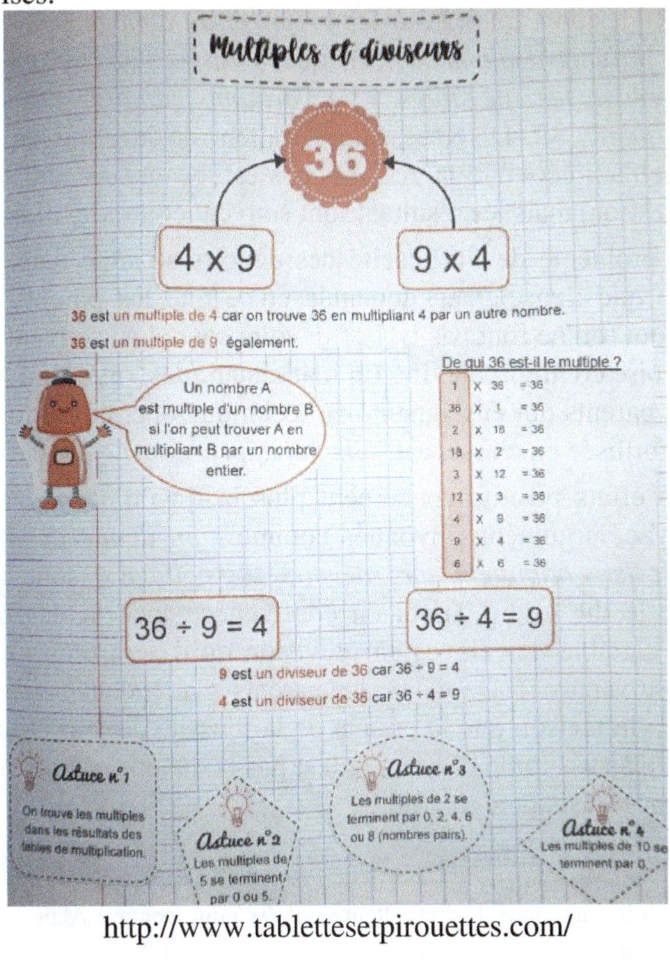

http://www.tablettesetpirouettes.com/

Les devoirs

En dépit de leur interdiction depuis 1956, les devoirs écrits sont encore présents dans de nombreuses classes, particulièrement au CM. Les devoirs à la maison sont pour certains parents une occasion de s'intéresser à la scolarité de leur enfant. Pour d'autres, cela les renvoie à leur propre rapport à l'école, pas toujours harmonieux.

Pour les enseignants, la question des devoirs à la maison est une question épineuse. Elle interpelle l'égalité des élèves et le risque de creuser les inégalités. Il y a autant d'enseignants « POUR» les devoirs (« *Pour les préparer au collège…* », « *Parce que les parents demandent…*»), que d'enseignants « CONTRE» (« *Ça creuse les inégalités.* », « *Certaines familles ne peuvent pas les aider…* »). Diverses études traitent de la place du travail personnel à l'école[17] : la recherche s'est beaucoup intéressée à cette question, mais les résultats sont souvent contradictoires.

Le problème de l'efficacité des devoirs se situe dans l'écart entre ce que l'enseignant demande et ce que les parents ou les élèves font (ou ne font pas !). Les devoirs sont ainsi souvent inefficaces, voire contreproductifs. En mathématiques, on découvre parfois des parents qui enseignent une technique opératoire différente de celle utilisée en classe, car « *ils ont appris comme ça* ».

Les effets positifs concernent plus la fin du secondaire que l'école. Les arguments invoqués comme « *on donne des devoirs pour qu'ils s'habituent aux devoirs du collège* » sont ineptes (comme le dit André Tricot en conférence : met-on des briques dans le cartable des élèves en prévision qu'il sera plus lourd les années suivantes ?). De même les parents n'attendent pas tant des devoirs à la maison que la preuve de la réussite de leur enfant. La recherche a aussi montré que ce n'est pas la quantité de devoirs qui est efficace, mais la régularité.

---

[17] Voir notamment l'excellent dossier du centre Alain Savary : https://lc.cx/ijqx

La mise en œuvre des devoirs à la maison demande donc de s'interroger sur plusieurs points :

- L'explicitation aux élèves des attendus : quelle tâche est donnée (s'exercer, réviser …) ?

- L'explicitation aux parents des attendus : cela se fera lors de la réunion de rentrée avec eux, ou en communiquant par écrit.

Dans la méthode, après discussion avec l'ensemble des collègues testeurs, il a été arrêté que les élèves ont des devoirs régulièrement, quel que soit le niveau. Les choix suivants ont guidé la réflexion :

- Les devoirs visent majoritairement un travail de révision ou d'entrainement.

- Ils doivent être « faciles », et il faut **faire un retour dessus**, à un moment ou un autre.

- Les devoirs doivent être faisables en autonomie par les élèves et donc ne pas être source de malentendus pédagogiques.

- Les devoirs doivent permettre aux parents de s'impliquer en étant accessibles.

Pour aider votre enfant, prenez le temps de faire les devoirs avec lui.Il n'y en aura pas toujours. Ils ne seront pas trop longs. Mais faites-les avec lui, ou demandez-lui qu'il vous raconte comment il a fait. Surtout n'imposez pas « votre » technique ou ce que vous vous avez appris à l'école, faites confiance à l'école et vous verrez que cela fonctionnera très bien !

Extrait du document de présentation de la méthode aux parents.

Ainsi, certains des devoirs sont « écrits », mais non obligatoires. L'expérience a prouvé qu'ils étaient presque toujours réalisés, y compris par des élèves qui ne disposent pas d'aide à la maison. Cela tient au format des devoirs proposés. Leur durée est limitée.

Il s'agira par exemple de :

- Demander aux élèves de relire et d'expliquer à leurs parents les leçons établies en classe. Sur les leçons, figure un QR code que les élèves pourront activer, s'ils le souhaitent, avec leurs parents.

- Demander une recherche simple sur les mathématiques dans la vie courante (« *Trouve dans ta chambre des angles droits !* »).

- De jouer : par exemple, pour aider à la mémorisation des tables, les élèves disposeront de cartons d'opérations pour jouer avec leurs parents.

- De s'entrainer sur un outil numérique, pour réviser ses tables par exemple.

Dans tous les cas, ces devoirs à réaliser n'auront de sens et d'efficacité qu'à la condition qu'ils aient été expliqués, acceptés et compris par les parents. Par exemple, on demandera de connaitre la carte mentale des décompositions de 8 construite en classe :

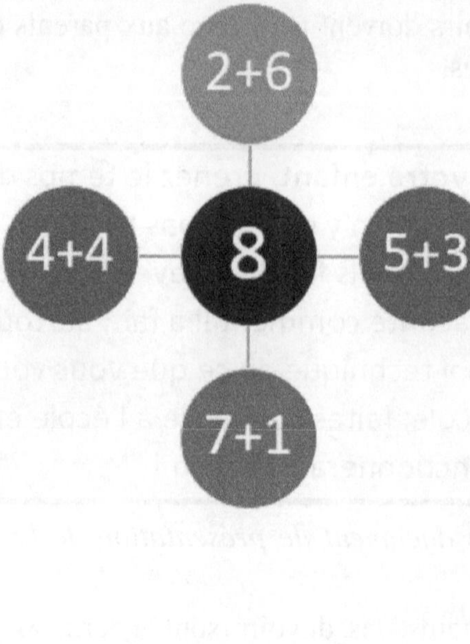

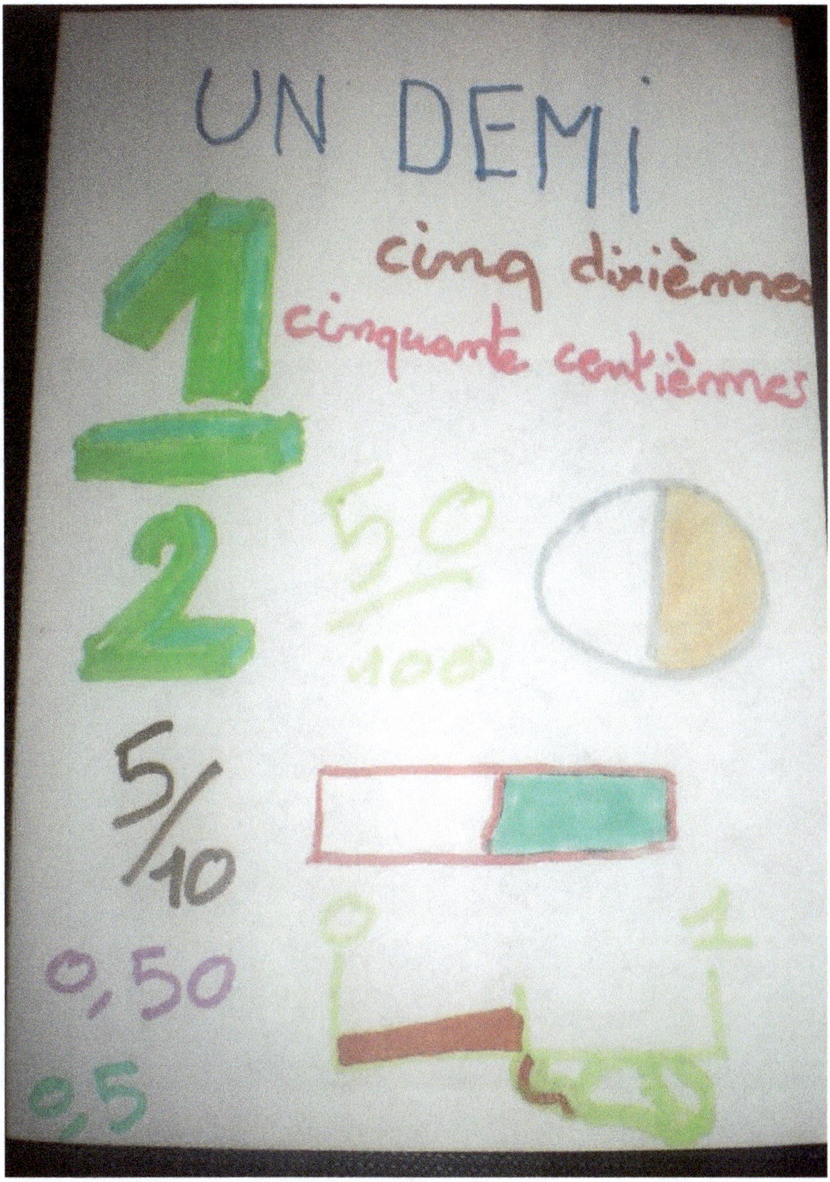

Travail réalisé en CM2.

12
4

Chapitre 9. Comment faire pour…

LES CLASSES À COURS TRIPLES ?

La gestion des classes à cours multiples est une réelle difficulté pour les enseignants. Ces cours sont fréquents dans les classes (quasi systématiques en milieu rural) et posent problème aux enseignants dans la mise en œuvre des apprentissages. Il n'est évidemment pas possible de faire la même chose avec deux niveaux de classe différents, cela demande donc une adaptation et des modalités pédagogiques particulières.

Les ouvrages existants ne répondent que vaguement à la question. Les fichiers et manuels ne réservent généralement que quelques lignes à ce sujet, argüant qu'il suffit de profiter d'un groupe autonome pour faire autre chose avec l'autre groupe. Au quotidien, les questions qui se posent sont nombreuses. Pour essayer de répondre à une gestion des cours multiples efficaces, la méthode s'appuie sur plusieurs choix :

- Le découpage des séances en plusieurs morceaux (*activités ritualisées, calcul mental, etc.*) qui permet de prévoir des temps distincts dans la journée. La partie « activités ritualisées, calcul mental, résolution de problèmes » est prévue pour être menée avec les deux niveaux, mais pourrait aussi être menée avec une partie de la classe tandis que l'autre partie est en autonomie sur un travail bien ciblé.

- Certaines situations sont quasi similaires, en jouant sur les variables didactiques ou peuvent être menées en parallèle.

- Le fonctionnement en ateliers tournants favorise la gestion de plusieurs niveaux au sein de la classe.

- Les séances de régulation peuvent se faire parallèlement à une séance différente dans l'autre niveau.

Il n'en reste pas moins que cela demande de l'adaptabilité et de la souplesse, sans compter une bonne maitrise du groupe classe. Encore plus que pour les autres classes, l'aménagement est un facteur clé, en permettant la dissociation des groupes, la circulation des élèves, l'accès au matériel, etc.

Dans l'expérimentation, il y a eu plusieurs configurations à triple cours (*MS/GS/CP, GS/CP/CE1, CP/CE1/CE2, CE2/CM1/CM2*, etc.) et parfois à plus de 28 élèves ! C'est un exercice difficile. Les classes à cours multiples qui « fonctionnent » le mieux sont celles où on met en place des règles de classe basées sur la coopération et l'autonomie (cf. pédagogies coopératives et les ouvrages de S. Connac notamment). Le fonctionnement s'améliore aussi dès la deuxième année.

Il faut être honnête : cela prend forcément plus de temps qu'avec un cours simple et cela pose des problèmes d'organisation. Le risque est alors de recourir à des fonctionnements de type plans de travail, activités autonomes…qui peuvent faire perdre l'indispensable temps de travail collectif que l'on doit avoir avec chaque niveau. Il est plus « facile » de présenter de façon explicite une procédure à un groupe d'élèves (ou à la classe entière) que de reprendre cela individuellement avec chaque élève.

Propositions en triple niveau

La construction même de la méthode doit faciliter les choses : les modules et séances ont la même architecture pour tous les niveaux. Il y a plus de 60 séances dans l'année qui mettent en œuvre des ateliers, ce qui va permettre de faire fonctionner plusieurs niveaux en même temps.

Les outils numériques (VPI, tablettes) seront un plus pour aider à la gestion : disponibilité des consignes, aides, consignes enregistrées (en audio ou vidéo), etc.

Vous avez plusieurs options de fonctionnement :

– Tenter de faire maths avec les trois niveaux en même temps…cela peut fonctionner en utilisant un élève tuteur qui gère spécifiquement un niveau sur les parties orales et calcul mental (par ex un CE2 qui gère les CE2 ou les CE1, un CE1 qui gère les

CP, etc.). Une collègue a ainsi fait des fiches de consignes pour l'élève « assistant ». Le retour est positif.

– Faire en deux temps : gérer par exemple le CP uniquement pendant que les CE1/CE2 sont en autonomie sur d'autres tâches...puis gérer le CE1/CE2 en prenant le module dédié dans la méthode, pendant que les CP sont « autonomes ». Ce n'est pas facile, car cela demande une grande autonomie de la part des élèves et des outils adaptés. On pourra alors découper la séance de mathématiques en plusieurs temps (temps 1 : *activité orale / calcul mental*, temps 2 : *résolution de problèmes*, temps 3 : *situations d'apprentissage*).

– Faire les différentes activités de la méthode de façon décalée : les CP sont en autonomie, vous faites la partie orale et calcul mental avec les CE1/CE2 puis vous lancez les CE1/CE2 sur la phase de problèmes ou d'apprentissage et la partie orale/calcul mental des CP...

Pour les classes avec des GS

Le site de la méthode propose de nombreuses ressources pour les maternelles : activités ritualisées, situations d'apprentissage et jeux pour mettre en place des ateliers. Pour les cours incluant des maternelles, deux solutions :

1/ Couper la séance des CP en deux temps pour mieux gérer les maternelles, avec l'aide d'une ATSEM s'il y en a une dans la classe.

2/ Associer les maternelles au fonctionnement : les GS ont ainsi souvent participé aux activités orales des CP et au calcul mental, de façon adaptée. Sur les classes qui ont procédé ainsi, cela a amené les élèves de GS à avoir un excellent niveau sur l'aspect numération en particulier. Pour beaucoup de GS, ils ont fini l'année avec un niveau bien au-delà des attendus. Du coup, cela peut devenir un inconvénient, car il faudra gérer cette différence l'année suivante...mais va-t-on réellement s'en plaindre si on les a emmenés beaucoup plus loin ?

Le chapitre 12 présente plus concrètement le fonctionnement en maternelle.

UTILISER LA MÉTHODE EN CE2/CM1 ?

C'est une classe particulière, car à cheval sur deux cycles ! Elle fait appel aux mêmes principes de fonctionnement et propositions que le cours triple. C'est le seul double cours que je n'ai pas préparé, car les contenus et thématiques abordées ne sont pas les mêmes, alors que cela s'y prête au sein du cycle. Toutefois, on retrouve des similitudes et des contenus qui se rapprochent. Par exemple, le travail sur les solides se fait au même moment.

La première option est de faire « maths » avec un niveau pendant que l'autre est autonome sur autre chose puis d'inverser. Mais plusieurs enseignants testeurs en 2017/2018 préfèrent mener les séances en parallèle au même moment. Selon les séances, ils laissent un élève de CE2 ou CM1 mener les premières phases des séances ("activités ritualisées" et "calcul mental"). Pour cela, ils ont à disposition une trame de ce qu'ils doivent dire aux autres élèves.

Module 3 – séance 2 – CM1

- Écrire au tableau 64 845, 68 485, 48 645

Leur demander d'écrire à l'ardoise le nombre qui compte « *684 centaines* » parmi les trois proposés.

- Dictée de nombres à faire en corrigeant dans le tableau de numération :

95 005 – 50 015 – 41 233

- Additions à l'ardoise : ajouter 11 à 3 526, 5 842, 8 873, 9 057, 4 951 et 6 484

Confronter les procédures, rappel de "la technique" : faire +11 c'est faire +10 puis +1

Exemple de trame élève.

Pour les deux autres phases (« résolution de problèmes » et « apprentissages »), l'enseignant lance l'activité avec un niveau et va voir l'autre groupe, puis revient voir l'avancée du niveau initialement lancé en autonomie. Cette organisation est facilitée lors des séances en ateliers. Cela peut sembler du « bricolage », mais après quelques semaines d'adaptation, ça fonctionne bien et enseignants et élèves trouvent un rythme efficace.

Utiliser la méthode en classe spécialisée (EGPA, ULIS) ?

Les principes fondateurs de la méthode et ses choix pédagogiques et didactiques sont tout à fait adaptés aux élèves des classes spécialisées. Que l'on se trouve en EGPA ou ULIS, l'enseignant est confronté à des élèves en difficulté scolaire, parfois ayant perdu toute appétence. Les mathématiques ont souvent été difficiles pour ces élèves.

En SEGPA

La SEGPA accueille des élèves présentant des difficultés scolaires graves et persistantes auxquelles n'ont pu remédier les actions de prévention, d'aide et de soutien. Ces élèves présentent des lacunes importantes et des difficultés dans les compétences de base. Il faut d'abord analyser le niveau mathématique des élèves et le comparer à un niveau « scolaire » classique, quitte à distinguer dans la classe deux groupes que l'on fera fonctionner comme un cours double.

L'horaire d'enseignement des mathématiques en EGPA étant inférieur à celui de l'école, il faudra aussi faire des coupes.

L'idée est alors de suivre la méthode en adaptant sur les points suivants :

- Renforcer les parties orales, les temps d'explicitation.

- Alléger les activités trop longues.

- Supprimer les activités qui semblent inaccessibles, faute d'avoir les bases nécessaires.

L'objectif est de reprendre les bases, de les consolider et de donner des procédures pour que l'élève soit de plus en plus autonome dans son travail.

Un travail conjoint avec les autres professeurs serait utile pour faire le lien entre les mathématiques et les autres disciplines (graphiques en géographie, vocabulaire en français, unités de mesure et ordres de grandeur en sciences, etc.).

En ULIS

L'ULIS est un dispositif destiné à des élèves dont le handicap empêche d'être à temps plein dans une classe ordinaire. Ces élèves bénéficient d'un projet prévoyant des inclusions dans les classes de l'école. Il y a alors deux options d'utilisation de la méthode, options testées par quelques enseignants :

⇨ Les élèves suivent la méthode dans leur classe d'inclusion. Cela peut nécessiter des aménagements supplémentaires, comme précisé dans le chapitre 8 « pistes pour les élèves en difficulté ».

⇨ Les élèves suivent la méthode avec l'enseignant d'ULIS. Celui-ci peut alors « piocher » dans la méthode ce qui va correspondre aux besoins de ses élèves. L'important est de conserver ce qui fait la force de la méthode : principes pédagogiques et didactiques (importance de l'explicitation, de la rétroaction, de la manipulation…), ritualisation des apprentissages, appui sur l'oral, etc.

La spécificité de ces élèves est leur difficulté à accéder à certains niveaux d'abstraction. Ainsi, la compréhension du nombre, du fonctionnement du système de numération sont difficiles d'accès. Pour les élèves qui ont des troubles des fonctions cognitives, il y a des difficultés à mémoriser des informations (résultats partiels dans certaines activités), à se repérer dans l'espace (documents, jeux, activités de géométrie) …l'abstraction demandée par certains apprentissages (comprendre le système de numération positionnel avec le jeu du banquier) est ardue, voire inaccessible.

En dépit de ces difficultés, les enseignants qui ont testé soulignent les progrès des élèves, mais aussi un changement d'attitude : estime de soi, confiance, engagement ! Les élèves automatisent certains apprentissages et n'hésitent à plus se servir d'outils s'ils sont bloqués.

D'après une collègue, « la diversité des activités proposées et la facilité à adapter la méthode sont des points forts pour une utilisation en spécialisé. »

UTILISER LA MÉTHODE ET LES PLANS DE TRAVAIL ?

Le plan de travail est un outil pour établir un parcours d'apprentissages construit sur les choix de l'élève, ses compétences, et les demandes de l'enseignant. Le plan de travail n'est pas tant un outil de différenciation ou d'individualisation qu'un outil de personnalisation. Il s'agit de mettre à disposition des élèves des outils individualisés. Les élèves sont censés choisir les supports, les aides et le cheminement qu'ils prennent. Bien pensés, mis en œuvre dans une classe coopérative, ils peuvent être intéressants. Les plans de travail, invoqués par certains comme « la » solution à l'hétérogénéité des classes, présentent toutefois plusieurs limites :

- Les plans de travail doivent être des outils adaptés aux élèves. Dans la réalité, ce n'est pas ce qu'on voit et au contraire, les élèves ont souvent les mêmes plans et mêmes outils…ils deviennent alors de simples listes de tâches à effectuer. Le seul choix de l'élève se résumant à l'ordre dans lequel il travaille.

- Ils sont censés développer l'entraide et l'autonomie. Or l'élève en difficulté est généralement peu autonome et avec un accès à la lecture des consignes déficient. La lecture même du plan de travail doit être adaptée à chaque élève.

- Certains élèves profitent de cette modalité de fonctionnement pour ne rien faire ou pour avancer seulement par crainte du bilan à faire auprès de l'enseignant (parfois devant les autres élèves). Or apprendre doit être un plaisir partagé et stimulé par d'autres.

- Le plan de travail étant une modalité individuelle, répondant d'abord à des besoins de l'enseignant (gestion du groupe, de plusieurs niveaux, aide à la programmation des objectifs…), il doit être bien dosé. Or, de nombreuses classes en font un usage abusif et la part du plan de travail sur l'ensemble des situations pédagogiques de classe (collectives ou individuelles) est trop importante. Il n'est pas rare de voir les plans de travail occuper plus de 50-60% du temps consacré à la discipline, ce qui interroge sur les temps collectifs indispensables, le calcul mental (qui ne doit pas être fait que par fiches papier), etc.

Certains argumenteront contre ces limites, qui correspondent souvent à des enseignants ne les mettant pas en place correctement.

Mais les plans de travail présentent aussi des limites didactiques au regard des avancées de la recherche développées dans le chapitre 7. Trop utilisés, ils ne permettent pas la mise en œuvre correcte des points présentés : rôle de l'enseignant, pédagogie explicite, travail coopératif, place de la manipulation, etc. L'individuel n'est pas toujours plus efficient que le collectif (groupe).

C'est pour ces différentes raisons que le plan de travail n'a pas été intégré à la méthode. Elle vise en effet la mise en œuvre d'une médiation des apprentissages, d'une véritable différenciation en mettant en œuvre des modalités d'apprentissages diversifiées permettant aux élèves d'atteindre les objectifs visés par leur propre cheminement. La différenciation se fait par le biais des activités proposées (aisément adaptables), par la richesse des outils mathématiques proposés et par les dispositifs proposés.

Certains enseignants tiennent à leur plan de travail. C'est justifié s'ils ont un réel fonctionnement de classe coopérative et besoin de gérer trois ou quatre niveaux. Ils peuvent les conserver en français, mais pas forcément en mathématiques. S'ils souhaitent en avoir en mathématiques, l'articulation entre la méthode et les plans de travail doit alors être réfléchie. Je suggère alors que les plans de travail soient consacrés là où ils peuvent être pertinents :

- L'avancée dans les fichiers.

- Les exercices d'entrainement, d'approfondissement prévus dans la méthode (ou d'autres).

- L'utilisation des outils numériques proposés.

Le temps sur les plans de travail peut alors être un des temps d'ateliers, ou bien s'inscrire dans la séance de régulation.

Chapitre 10. Questions pratiques

COMMENT SE LANCER ? PAR QUOI COMMENCER ?

La méthode peut sembler déroutante et vous ne savez pas par où commencer ! Même si vos élèves n'ont pas connu la méthode l'année précédente, n'hésitez pas !

Voici donc les étapes à suivre, après la lecture du guide :

1/ Procurez-vous le matériel

Du matériel est nécessaire pour la méthode. En théorie, cela devrait être le matériel de base de toute classe …mais la réalité a montré que ce n'était pas le cas. Donc, équipez-vous de tout ce qui figure sur la liste présente sur le site.

2/ Fabriquez le matériel spécifique

La méthode exige des outils qu'il faut imprimer, plastifier. C'est fastidieux, mais il va durer plusieurs années. Ce matériel est soit collectif, soit individuel.

3/ Fabriquez les fichiers et jeux

La méthode nécessite un certain nombre de jeux et de fichiers. Ils sont sur le site, avec toutes les informations nécessaires.

Dans les fichiers *excel* donnant la programmation, vous en avez la liste qui indique à partir de quand ils seront nécessaires. Vous n'êtes donc pas obligés de vous précipiter pour tout fabriquer tout de suite.

Pour chaque cycle, un livre peut être acheté pour gagner du temps et de la qualité. En effet, il propose un certain nombre d'exemplaires de jeux et matériel. Pour environ 30€, vous disposez de 60 pages couleur qu'il ne reste plus qu'à découper et plastifier. C'est une solution « bon marché ».

4/ Préparez les séances

Dans le menu « Modules », sélectionnez votre niveau de classe. Vous trouverez en téléchargement :

⇨ Les descriptifs des séances : un « pdf » unique pour avoir tout d'un bloc. Il pourra être « acheté » pour ceux qui veulent une version propre et reliée en couleur.

⇨ Les documents afférents : un dossier « zip » qui contient tout ce qu'il faut. Une fois ce dossier compressé, vous disposerez d'un sous-dossier par module contenant les activités spécifiques au module.

COMMENT FAIRE À TEMPS PARTIEL ?

La méthode a été testée dans ces conditions. Elle peut très bien fonctionner avec deux enseignants. Le fonctionnement arrêté a été le suivant (avec des 25% ou 33%) : la « décharge » (complément de service) met en œuvre la séance qui vient dans la continuité du module. Ce qui signifie qu'elle peut faire de la numération ou de la géométrie…ce fonctionnement est moins « enfermant » que le classique « géométrie » souvent « collé » à la décharge. Les collègues ont apprécié et cela renforce leur rôle auprès des élèves comme « vrai » enseignant. Cela demande à ce que le titulaire de la classe organise et prépare les documents concernant la séance qui sera menée par la décharge.

La « décharge » ne mène pas de séance de régulation si elle ne vient qu'à 25%. C'est au titulaire de construire cette séance, car il a plus de recul. Il faut une bonne coordination entre les deux et prendre le temps de faire le point régulièrement.

Pour des collègues à mi-temps, c'est dans le même esprit, mais avec un suivi plus régulier sur ce qu'a fait l'autre collègue. Mais ce sont des échanges qui sont intéressants et enrichissent la pratique mutuelle.

COMMENT AVANCER DANS LES FICHIERS ?

C'est une question fréquente : quand les arrêter ? Quand leur redonner ? Pour quand doivent-ils les finir ?

Le fichier *excel* de programmation de chaque niveau présente dans l'onglet « fichier » si un module va directement faire appel ou non au fichier. Cela vous permet de vous projeter.

Les élèves doivent avancer à leur rythme. Vous pouvez utiliser les séances de régulation pour ajuster, faire avancer des élèves qui ont peu fait par exemple.

S'ils ont fini un fichier alors qu'il doit être réutilisé plus tard ? Pas de soucis, vous leur donnerez un autre fichier ou une autre activité (cf. « pistes pour les élèves en réussite »).

Pour les élèves en difficulté, l'objectif est de finir la première moitié du fichier sur l'année scolaire. Vous jugerez par vous-même de ceux qui sont prioritaires sur les autres par rapport à leurs difficultés.

COMMENT TRAVAILLER AVEC LES PARENTS ?

Le chapitre 4 vous a précisé l'importance du travail avec les parents. Une infographie est disponible sur le site pour distribuer aux parents un document présentant la méthode.

La **réunion de rentrée** est un moment important, car on peut discuter et échanger avec les parents. L'idée phare est que parents et enfants conçoivent que les mathématiques ne sont pas qu'une discipline scolaire (*qui se limiterait à savoir compter ou poser des opérations*), mais qu'elles font partie du monde.

Il y a différents **points à aborder** :

• Préciser globalement comment se passe une séance de mathématiques en classe.

• Inciter les parents à faire des jeux avec leurs enfants (donner quelques exemples).

• Expliciter les devoirs et prendre l'exemple d'une « fiche devoirs » (cf. modules) : comment procéder avec leur enfant, ou bien comment regarder une vidéo (QR Code).

• Insister sur l'importance de respecter le travail mis en œuvre, notamment le choix des techniques opératoires (en particulier sur la technique de la soustraction !).

• Voir comment aider son enfant à apprendre les tables (avec les tables, les enveloppes, comment l'interroger…).

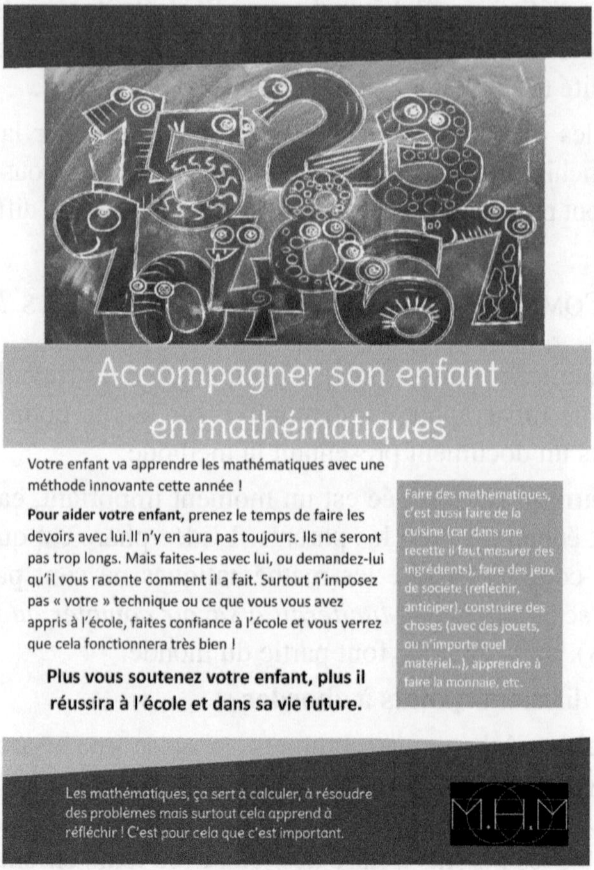

Infographie parents.

Et pour les enseignants débutants ?

À la lecture de ce guide, vous avez la réponse. Cette méthode est exigeante sur le plan des gestes professionnels. Elle demande une posture professionnelle qui demande une certaine expérience, une connaissance des élèves et une capacité d'analyse que n'ont pas les enseignants débutants. Mais d'un autre côté, les résultats qu'ils obtiendraient en suivant un fichier ou un manuel sont-ils meilleurs ? Plusieurs professeurs stagiaires ou débutants ont choisi la méthode, parfois avec difficulté, d'autres fois avec succès. Cela tient aux personnes, à leur capacité d'adaptation, mais **surtout à l'accompagnement** des collègues. S'ils ne sont pas seuls et partagent leurs éventuels doutes, alors ça devrait bien se passer et être formateur !

Mais ça va trop vite !

Voilà une remarque qui vient au début de la méthode, ou à la lecture des premiers modules. « *Mes élèves n'ont pas le niveau pour commencer* » ou « *Ils arrivent dans ma classe, mais ne savent pas tout ce qu'il faut...je dois reprendre beaucoup de choses ...* », « *Je suis en REP, ils ne pourront pas faire tout ça...* », etc.

Ces inquiétudes sont légitimes. La réponse est multiple, car devrait être systématiquement contextualisée.

La méthode démarre « comme si » ils avaient tous les acquis prévus l'année précédente. Comme d'ailleurs tout fichier ou manuel existant. Mais cela se voit plus, car elle « attaque » rapidement. C'est une volonté dans la progression. Il s'agit de réactiver rapidement les connaissances de l'année précédente. Volonté aussi d'exigence. Il faut « élever » le niveau ! En cas de stress, rajoutez une séance après le module 1 pour réguler, ou adapter au besoin. Mais restez confiants, les contenus vont être revus à de nombreuses reprises.

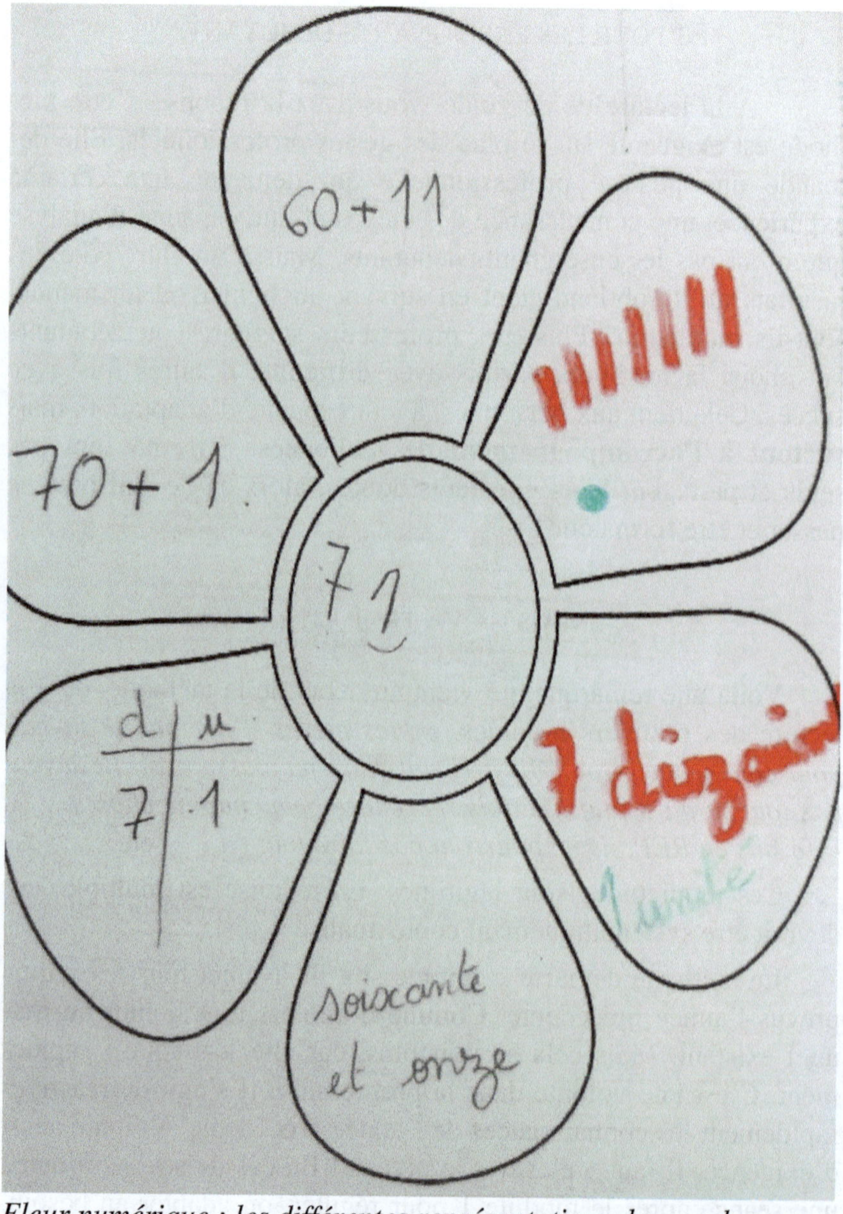

Fleur numérique : les différentes représentations des nombres.

Chapitre 11. Le cycle 3

LES SPÉCIFICITÉS DU CYCLE 3

Mettre en œuvre la méthode en CM présente certaines spécificités comme l'année 2017/2018 a pu le montrer avec les testeurs. Rentrer dans la méthode pour un enseignant de CM n'est pas facile. Pourquoi ? La méthode peut déstabiliser l'enseignant en provoquant une rupture forte avec ses anciennes habitudes de travail : moins d'écrits, plus d'oral, plus de manipulation, une gestion d'ateliers non habituelle en CM, etc. Les gestes professionnels en jeu ne sont donc plus les mêmes pour certains enseignants. Il faut s'adapter, composer avec une nouvelle approche.

La méthode souligne aussi l'importance des connaissances didactiques nécessaires pour enseigner les mathématiques. Dans les modules, la partie « ce qu'il faut savoir » présente notamment des points didactiques, des rappels indispensables que parfois on préférerait « occulter ». La grande majorité des enseignants enseigne encore que « *multiplier par 100 c'est ajouter deux zéros aux nombres* » (et ils le font, car les manuels le font !). C'est une absurdité didactique. Que dire de la proportionnalité ? C'est un sujet complexe qui met parfois les enseignants en difficulté. La méthode demande aux enseignants de CM de se mettre à jour de leurs connaissances didactiques ou du moins de les réinterroger. C'est une nécessité absolue pour un enseignement de qualité. Il faut faire preuve d'une nouvelle rigueur auprès des élèves, car le cycle 3 fait partie du collège, avant le cycle 4 qui marque l'entrée dans davantage d'abstraction, de raisonnement, etc. Le vocabulaire doit être choisi avec soin, l'explicitation des concepts doit être …explicite ! Et ce n'est possible qu'en étant soi-même parfaitement au clair.

La programmation

Le cycle 3 commence désormais en CM1 et finit en 6e. C'est un changement majeur, car la programmation des contenus s'étale sur trois ans, dont une année au collège. Les enseignants de CM ont toujours eu l'habitude de faire acquérir les compétences des programmes de l'école pour la fin du CM2. Ce n'est plus tout à fait aussi simple. Les attendus des programmes s'étendent jusqu'à la fin de la 6e. Certaines compétences seront donc abordées en CM1, CM2 et seront poursuivies en 6e.

Ce changement déstabilise et certains ne s'en sont pas totalement rendu compte et veulent que toutes les compétences abordées soient forcément acquises. Non ! Les nouveaux programmes ont permis d'étaler les contenus sur trois ans, il faut en profiter. Dans sa programmation, la méthode aborde près de 90% des compétences de cycle 3, mais certaines demanderont à être poursuivies en 6e et c'est normal !

Par exemple :

- « *Relier les unités de volume et de contenance* » ou « *La distance d'un point à une droite* » sont des compétences totalement laissées à la classe de 6e.
- Les pourcentages seront abordés en fin d'année, mais mériteront un travail plus approfondi en classe de 6e.

	MODULES	1	2	3	4	5	6	7	8
Utiliser et représenter les grands nombres entiers, des fractions simples, les nombres décimaux									
NC1	Composer, décomposer les grands nombres entiers, en utilisant des regroupements par milliers.	X		X	X		X		
NC2	Comprendre et appliquer les règles de la numération aux grands nombres (jusqu'à 12 chiffres).	X	X	X			X		
NC3	Comparer, ranger, encadrer des grands nombres entiers, les repérer et les placer sur une demi-droite graduée adaptée.	X	X	X	X	X	X		
NC4	Comprendre et utiliser la notion de fractions simples.						X	X	X
NC5	Repérer et placer des fractions sur une demi-droite graduée adaptée.							X1	X
NC6	Encadrer une fraction par deux nombres entiers consécutifs.						X2	X2	
NC7	Établir des égalités entre des fractions simples.						X2		
NC8	Comprendre et utiliser la notion de nombre décimal.								
NC9	Associer diverses désignations d'un nombre décimal (fractions décimales, écritures à virgule et décompositions).								
NC10	Repérer et placer des décimaux sur une demi-droite graduée adaptée.								
NC11	Comparer, ranger, encadrer, intercaler des nombres décimaux.								

Extrait de la programmation CM (sur le site).

La continuité avec le cycle 2

Les élèves arrivent du cycle 2 avec des connaissances mathématiques très variées. Ils n'ont parfois connu qu'un enseignement très traditionnel, autour de fichiers ou de fiches enchainant des exercices d'entrainement. L'approche de la méthode est alors déstabilisante : parties orales importantes, sollicitations importantes des élèves (au lieu de « zoner » face à un fichier...quitte à copier sur le voisin), travail en ateliers, utilisation de jeux, etc.

En outre, la méthode confronte les élèves à leur compréhension des nombres dès les premières séances. Certains élèves qui avaient trouvé des stratégies pour faire illusion dans les fichiers qu'ils avaient auparavant se retrouvent alors en difficulté...notamment dès qu'on leur demande le nombre de centaines d'un nombre.

Pour certains élèves, les lacunes sont déjà très importantes (incompréhension du système de numération, faiblesses en calcul mental, en résolution de problèmes...) souvent associées à un rejet de la discipline et à un manque d'engagement dans les activités. Les contenus de la méthode font alors peur et on se dit qu'ils ne vont pas y arriver. Il faut au contraire maintenir l'exigence, expliciter, redonner bases. (cf. « pistes pour les élèves en difficulté »).

La continuité sera facilitée si les élèves ont pratiqué la méthode avant : ils connaitront la façon de fonctionner, l'utilisation des fichiers, certaines activités (jeu de la cible, fleur numérique...) ce qui permettra un gain de temps certain dans la mise en œuvre des séances.

Les supports

La question des cahiers est une des premières des enseignants de CM. La taille des cahiers interpelle plus les enseignants de cycle 3 que ceux de cycle 2. En effet, ils ont parfois privilégié dans le passé de grands cahiers, de grands classeurs, les photocopies au format A4 (parce que ce sont de « grands » élèves ?).

Le choix du format A5 est délibéré et répond à plusieurs objectifs :

- Le repérage sur l'espace feuille, notamment pour les élèves en difficulté n'est pas si aisé sur du format A4 (notamment pour les élèves souffrant de troubles -dys).

- Cela permet d'avoir des fiches d'activité qui répondent aux critères annoncés précédemment : épurés (pas de fioritures, décorations inutiles, etc.), mais lisibles (usage d'une police taille 12 a minima).

- Cela permet de donner une quantité de travail « acceptable » à l'élève. Recevoir une fiche A4 d'exercices est démobilisant, notamment pour l'élève en difficulté. Avoir une fiche A5 (voire une fiche A5 coupée en plusieurs parties) permet de se projeter dans l'activité et donc de s'y engager davantage.

Les autres supports de travail (outils de manipulation, forte utilisation de la droite graduée, etc.) demandent aussi une adaptation aux enseignants et généralement de compléter un matériel qu'ils n'utilisaient plus ou peu.

Jeu CM « La guerre des champs ».

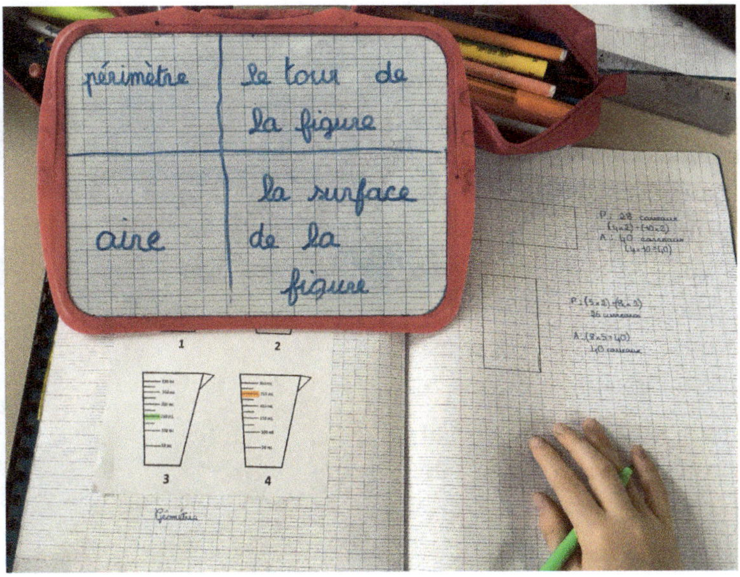

Activités en CM1/CM2.

EXEMPLE D'UNE SITUATION D'APPRENTISSAGE

Je présente ici un exemple résumé d'un travail mené avec les CM. Il s'agit de créer un graphique mathématique : l'histogramme. Voici les différentes étapes du travail mené en classe :

1/ L'enseignant annonce l'objet d'apprentissage : « *Les enfants, on doit apprendre à représenter des informations sous une forme mathématique. Par rapport à notre travail en sciences, nous avons parlé de la taille des êtres humains. L'information qui va nous intéresser, c'est donc la taille que vous mesurez...* »

La consigne est ensuite présentée : récupérer la taille de chaque élève. Certains la connaissent, mais la discussion permet de faire émerger la nécessité que tous doivent avoir la même date comme repère.

2/ Il s'agit de procéder à la mesure de chaque élève.

C’est un travail de mesure très concret. Cette proposition a soulevé des questions mathématiques : comment faire, quel outil utiliser (mais aussi la question du langage : longueur /taille). Le consensus s’est fait sur la fabrication d’une toise, charge dont s’est acquitté un groupe d’élèves.

Un autre groupe a alors fait les mesures et le relevé de chaque taille.

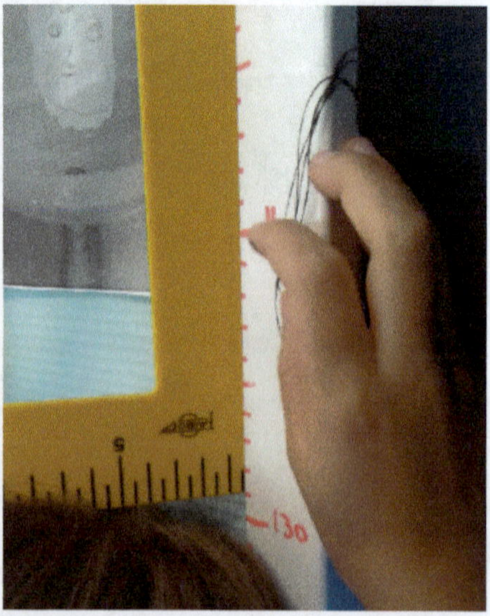

3/ Il s’agit ensuite de convertir ce relevé en graphique.

La première étape consiste à se rendre compte que les mesures sont très variées. Une discussion collective propose de classer les informations sous forme d’encadrements :

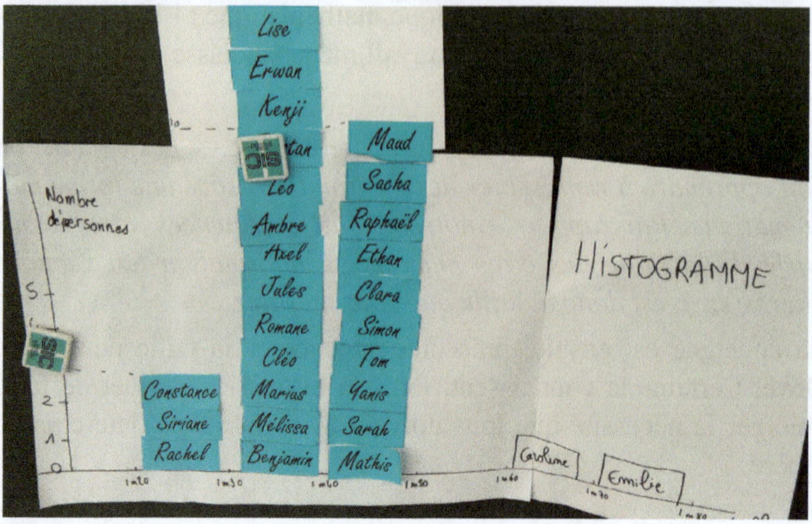

Première ébauche avec chaque élève, mais aussi l’enseignante et l’AVS.

4/ Il faut alors « mathématiser » la représentation donc passer à une modélisation que chacun reproduit dans son cahier :

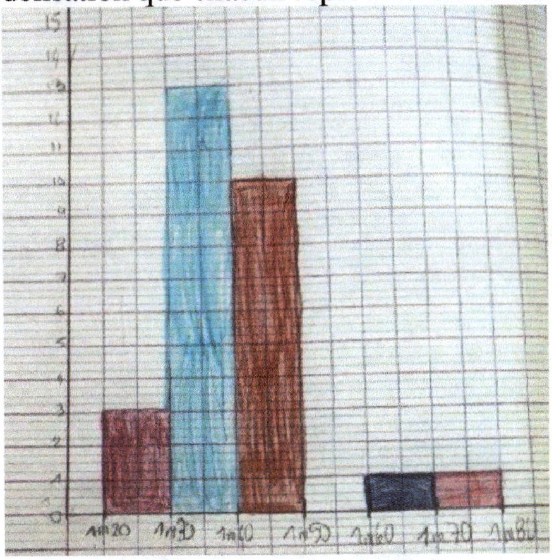

Mathématiques et géométrie en CM2.

UTILISER MHM AU COLLÈGE ?

Peut-on utiliser la méthode au collège ? Je n'ai pas conçu les contenus pour la 6e, faute de temps et de testeurs. La 6e a un fonctionnement particulier : moins d'heures hebdomadaires, un fonctionnement sur des séances de 50 minutes réelles, souvent peu de matériel disponible, des contraintes d'évaluation liées à un fonctionnement trimestriel.

Toutefois, je suis convaincu que la méthode est facilement transposable au collège. L'ensemble des principes pédagogiques et didactiques reste valable. Il est possible de construire des séances de 50 min sur la même base : activités orales, calcul mental et situations d'apprentissage. La résolution de problème rentrerait alors dans cette dernière partie. Au regard de la programmation des contenus, il y a peu de nouveautés en classe de 6e, mais beaucoup de révisions et d'approfondissements.

Quant au cycle 4, il faudrait envisager une programmation sur le même principe. Il y a de nombreuses nouvelles notions. La manipulation devrait garder sa place, en étant associée à une réflexion sur la visualisation des concepts et procédures.

Quelles difficultés donc au collège ? Encore plus qu'en CM, la méthode bouscule totalement l'approche de l'enseignement des mathématiques encore majoritairement formaté au collège par une programmation séquencée, des manuels austères et une primauté donnée aux exercices. La question des devoirs serait aussi à interroger. In fine, c'est toute la posture professionnelle que cela interroge.

La méthode propose des affiches « philosophiques » pour accompagner le changement de rapport aux mathématiques.

Ces « maximes » sont vraies de la maternelle au lycée !

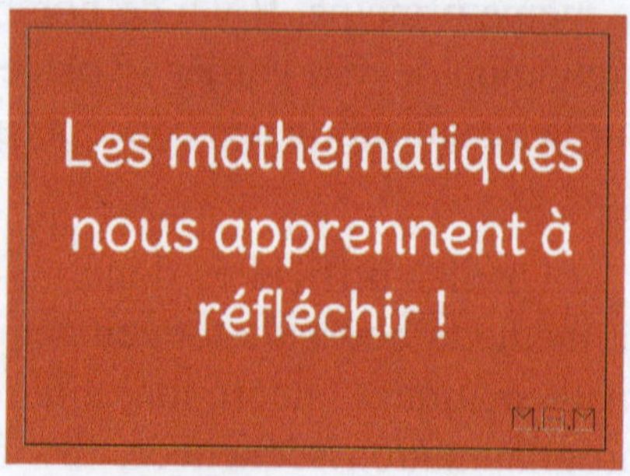

Chapitre 12. La maternelle

La recherche a prouvé que le jeune enfant possède des intuitions mathématiques (discrimination de petites quantités) qui peuvent être utilisées comme base des apprentissages. Deux points seront primordiaux dès leur entrée à l'école :

⇨ Le langage a un rôle prépondérant.

⇨ Le jeu est une modalité d'apprentissage à favoriser.

PRINCIPES DIDACTIQUES

Les neuroscientifiques (S. Dehaene) proposent le modèle dit du « triple code » pour l'étude des processus numériques. Ce modèle postule qu'il y a trois types de représentations qui sont associés à des localisations cérébrales différentes :

- La **représentation analogique** (les constellations du dé, des symboles : des ronds pour symboliser des jetons…) : elle sert à effectuer des comparaisons et calculs approximatifs. Cette représentation est liée à la signification des quantités, qui sont représentées mentalement sur une ligne numérique.

- La **représentation verbale** orale ou écrite : le « quatre » est associé au nombre de façon conventionnelle. Cette représentation peut être complexe par l'apprentissage qu'elle sous-entend (quatre-vingt-dix-huit : $98 = 4\times20 + 10 + 8$)

- La **représentation chiffrée** (visuelle) à partir des chiffres, avec toutes les difficultés que notre système de numération sous-tend. Elle est utilisée pour les calculs et opérations.

Les relations entre ces trois représentations sont importantes et nécessaires. L'élève doit pouvoir passer de l'une à l'autre selon ses besoins. Les représentations se développent très tôt dès les premières années. La première étape va être pour le jeune enfant de reconnaitre de petites quantités et d'être capable de faire des estimations (un peu, beaucoup). Puis il va apprendre les mots nombres et les associer aux quantités perçues. Il s'agira ensuite d'associer les trois représentations : les quantités, les mots nombres et l'écriture symbolique, ce qui permettra de se construire une image mentale de la suite des nombres, à condition de la construire comme le préconise Rémi Brissiaud.

L'enseignement des mathématiques à l'école maternelle vise surtout la **construction du concept de nombre**. Cela demande la mise en place de situations d'apprentissage pour :

⇨ Donner du sens au nombre : le nombre sert à exprimer une quantité, mais aussi à comparer, à se repérer…

⇨ Comprendre et faire correspondre les différentes représentations des nombres.

⇨ Dénombrer, mais en faisant bien la différence entre comptage numérotage et comptage dénombrement !

⇨ Jouer avec les nombres au travers de leurs propriétés : un nombre est construit par l'itération du nombre précédent, on peut décomposer un nombre, comparer des nombres…

Rémi Brissiaud insiste sur le travail sur le nombre, ses décompositions et le dialogue avec l'enfant. Il doit comprendre notamment que :

⇨ 2 c'est « *un et encore un* », mais aussi dans l'autre sens « *Colle sur la feuille ça de gommettes : un et encore un* ». Certaines comptines peuvent être associées à ce travail.

⇨ Les nombres se représentent de différentes façons : varier les représentations des doigts par exemple.

⇨ Varier les objets pour voir notamment que le genre (une brique) ne change pas le nombre d'unités, utiliser les dés…

Cela n'est pas exhaustif. La lecture des ouvrages de Rémi Brissiaud est fortement conseillée pour avoir une base didactique solide sur la construction du nombre en maternelle. Pour certains élèves, l'accès au concept est très difficile et ils ne peuvent encore accéder à ce niveau d'abstraction. Il faut laisser le temps aux enfants et ne pas oublier l'impact important à l'école de l'âge.

PROPOSITIONS

Les contenus de la méthode heuristique n'ont pas été conçus à la séance près pour les classes de maternelle. Tous les points présentés dans les chapitres 1 à 7 restent totalement valables. Plusieurs classes du type GS/CP ou GS/CP/CE1 ont fait profiter leurs élèves de grande section de la méthode. Les résultats ont à chaque fois été assez impressionnants, même si je ne les ai pas quantifiés.

La première difficulté en maternelle est la quantité horaire dévolue à l'enseignement des mathématiques, les programmes ne répondant pas à cette interrogation. Un sondage fait en 2010 auprès de plus d'une centaine d'enseignants de MS et GS avait montré des disparités importantes : les temps d'enseignement spécifiques aux mathématiques allaient de 30 minutes par semaine à presque 5 heures. On imagine bien l'impact sur les apprentissages des élèves !

Si on se réfère aux programmes de cycle 2, je pense qu'il faut consacrer environ **une heure par jour aux mathématiques**. C'est un enseignement qui doit être organisé et non informel. Ainsi, on peut prévoir :

- Un **rituel sur l'appel**, comme proposé sur l'excellent site : http://objectifmaternelle.fr/ .

Ce rituel, appelé « la tour d'appel » permet de mettre en place une situation mathématique riche et porteuse de sens.

- Des **activités ritualisées** pour un total de 15 minutes par jour. Cela peut être fait en deux fois. Un ensemble d'activités ritualisées est proposé sur le site, activités testées dans des classes de MS/GS. C'est aussi sur ce temps qu'on pourra travailler sur des comptines numériques ou sur des albums mathématiques.

- Un **temps d'atelier de 25 minutes par jour** : ce temps d'atelier sera soit guidé, soit autonome, sur la construction de compétences ciblées. Il pourra s'agir d'un travail sur la numération, la résolution de problèmes, la géométrie ou la mesure.

Ainsi, sur le site de la méthode, sont proposées différentes activités : travail sur les compositions/décompositions de nombres, situations problèmes, utilisation de fichiers…

- Un **temps de jeu de 15 minutes par jour** : le jeu est une modalité importante en maternelle. Ce temps pourra être autonome ou en présence d'un adulte (enseignant ou atsem). Si l'adulte est là, il en profitera pour étayer, les faire verbaliser, expliciter les savoirs sous-jacents, mettre du sens.

Ce temps de jeu peut prendre deux formes :

- o Des jeux mathématiques : jeu de bataille, jeu du car, jeu des coccinelles (GS), jeu de la marchande, mais aussi des jeux commerciaux (*Batawaf, Pig 10…*).
- o Des jeux de construction : puzzles, ou du type « architek », tangrams…Ils seront de préférence associés à des fiches de construction, mais aussi des feuilles de route qui proposeront aux élèves une progression dans les apprentissages.

Les jeux peuvent être individuels, mais aussi en groupe (binômes, trinômes). Les interactions entre élèves permettent aussi de construire le savoir, notamment en adaptant la consigne pour rendre nécessaire l'échange. Par exemple, après une construction avec des cubes sur la base d'un modèle, on peut leur demander de le dessiner : un élève dicte à l'autre ce qu'il doit dessiner.

Ce schéma de séance type pourra être adapté pour :

- Mettre en place des situations d'apprentissage plus longues, en augmentant la durée de l'atelier par exemple. C'est parfois nécessaire sur des tâches qui comportent plusieurs consignes. Toutefois, cela demande une nécessaire vigilance sur les capacités attentionnelles des élèves et le maintien, de leur engagement.

- Des projets mathématiques spécifiques : création d'un livre à compter, rallye mathématiques, projet arts et mathématiques, etc.

RESSOURCES

Le site de la méthode propose de nombreuses ressources pour vous accompagner :

– Activités ritualisées et comptines.

– Propositions d'activités d'apprentissage, de situations problèmes.

– Rallyes mathématiques : un rallye complet sur le thème du tour du monde.

– Jeux mathématiques, propositions de liens.

– Liste d'albums en lien avec les mathématiques.

⇨ Ces ressources seront régulièrement complétées.

Ce qu'il vous reste à faire

Il vous reste à construire une programmation au sein de l'école, à réfléchir à l'évaluation en lien avec le carnet de suivi, à travailler en équipe, à vous former sur les points didactiques nécessaires…

Jeu des coccinelles en GS.

Chapitre 13. Compléments

LA PROMENADE MATHÉMATIQUE

Voilà un **projet complémentaire,** sans obligation, mais ô combien efficace et utile. C'est une pratique ancienne des classes Freinet. On l'appelle parfois « balade mathématique ». Lors d'une sortie à pied autour de l'école (ou ailleurs), les élèves vont chercher à faire le lien entre ce qu'ils connaissent des mathématiques et « la vraie vie ».

Ce projet qui prend une demi-journée est très porteur et gagnerait à être fait au moins une fois par cycle. C'est une vraie sortie pédagogique. L'**objectif** est de faire prendre conscience de la présence des mathématiques dans l'environnement quotidien. La nécessité de donner du sens aux apprentissages est importante, particulièrement en milieu défavorisé, pour donner accès à de nouveaux savoirs. L'organisation se fait en trois temps:

1- La sortie :

-Partir se promener dans le village, la ville avec appareils photo et matériel pour noter, dessiner. La promenade doit durer 30 min – 1h pour récolter suffisamment de « matériel ». Quand ? Pas trop tôt dans l'année, le temps qu'un certain nombre d'apprentissages aient commencé… mars/avril pouvant être un « idéal » pour continuer à enrichir ensuite…

-Annoncer l'objectif de la promenade : « *Il faut récolter une photo, une trace de tout ce qui nous semble mathématique autour de nous.* ».

-Pendant la promenade, on demande aux élèves de photographier, dessiner, noter et de justifier pourquoi c'est mathématique pour eux.

On étayera pour les aider à percevoir ce qui est géométrique (la forme des rues, la forme des panneaux, les triangles sur les toits, etc.), ce qui relève de la mesure (la vitesse ou les distances sur des panneaux, une horloge publique, un distributeur d'argent, etc), de la numération (les nombres que l'on voit, comment les nombres sont mis aux portes, les plaques d'immatriculation …). Il est très intéressant que des parents soient présents. Lorsque cela a été le cas, le retour a été encore plus positif.

2-Retour en classe

Afficher ou montrer les photos pour une discussion collective. Faire verbaliser avec les élèves les termes mathématiques. Les élèves se mettent par groupe et constituent une affiche pour mettre en lien ce qu'ils ont découvert (classement, catégorisation, commentaires…).

Commentez les affiches en allant plus loin :

⇨Distinction entre chiffre, nombre et numéro (plaque d'immatriculation).

⇨Distinction entre nombre pour nommer (âge sur une plaque de rue) ou pour compter (distance sur un panneau). Les nombres pour les mesures, etc.

⇨Lien entre la forme des panneaux et leur signification.

Faire une synthèse. Leur proposer d'ajouter par la suite les nouvelles choses qu'ils verraient…

L'article sur le site de la méthode vous propose plusieurs liens pour approfondir ce projet.

MATHS EN-VIE

M@ths en-vie est un projet interdisciplinaire en français et mathématiques avec utilisation d'outils et de ressources numériques dont les activités pourront naturellement trouver leur place **au sein de la MHM**. C'est d'ailleurs directement conseillé lors des séances de régulation.
Ce projet vise à améliorer les compétences des élèves en mathématiques et notamment en résolution de problèmes en prenant appui sur des photos numériques ou des ressources en ligne. Il s'adresse aux élèves des trois cycles de l'école primaire.

Il repose sur deux objectifs principaux :
➔ Ancrer les mathématiques au réel afin d'améliorer la compréhension en résolution de problèmes.
➔ Développer la perception des élèves sur les objets mathématiques qui nous entourent.

Condition : Les supports numériques ne sauraient être que de simples illustrations. Ils contiennent un ou des éléments mathématiques qu'il est nécessaire de prélever pour pouvoir résoudre le problème.

Les enjeux

Toutes les activités tournent autour de photos numériques prises dans l'environnement quotidien des élèves. En exerçant les élèves à repérer des situations réelles pouvant faire l'objet d'un investissement mathématique, ils se créent un répertoire de représentations qu'ils pourront ensuite mobiliser dans d'autres situations similaires. À travers les photographies les élèves :

- construisent l'intérêt d'apprendre les mathématiques parce que cette discipline s'inscrit dans leur réalité de tous les jours ;
- mettent du sens derrière chaque donnée afin de pouvoir entrer dans une démarche de résolution ;
- construisent des ordres de grandeur et exercent un regard critique sur les solutions de leurs problèmes ;
- se constituent un répertoire mental de représentations qui sera convoqué dans des problèmes similaires.

L'utilisation de la photo permet de créer un temps intermédiaire entre une situation vécue, réelle et une abstraction visée par l'exercice scolaire.

Ce dispositif permet de balayer d'autres disciplines et notamment de travailler de nombreuses compétences liées à la maitrise de la langue écrite et orale. Différents types d'activités peuvent être proposées : catégoriser ou travailler sur une collection, prélever des informations, identifier des éléments mathématiques, travailler sur les mesures et les ordres de grandeur, résoudre un problème, réaliser des sorties mathématiques, créer des énoncés de problème, imaginer des situations mathématiques.

M@ths en-vie, c'est :

- **un site internet** : http://www.ac-grenoble.fr/ien.st-gervais/mathsenvie/
- **un site de la communauté** avec accès aux réseaux sociaux : Twitter, Facebook, Instgram : http://mathsenvie.fr
- **une publication** chez Génération5 : 34 activités concrètes à mettre en œuvre en classe de la PS au CM2 avec 128 photos inédites au format numérique et imprimées, à découper et à manipuler et 3 logiciels pour faire vivre les activités.

AUTRES PROPOSITIONS

La méthode propose un certain nombre d'activités complémentaires :

- Activités diverses : jeux mathématiques, défis, activités thématiques (sur Noël), lapbooks…

- Autres approches : proposition de matériels innovants

- Activités culturelles : pour les CM, un travail sur les anamorphoses est proposé. D'autres suivront.

Ces compléments font partie des outils de différenciation de la méthode :

- Soit ils sont utilisés pour les élèves qui avancent vite, qui sont très performants.

- Soit ils sont proposés aux élèves en difficulté comme une autre approche de la notion qu'ils ont du mal à appréhender.

Ils seront enrichis régulièrement sur le site et vous êtes libres d'utiliser vos propres compléments, tant les possibilités sont vastes.

Exemple de lapbook (CE2).

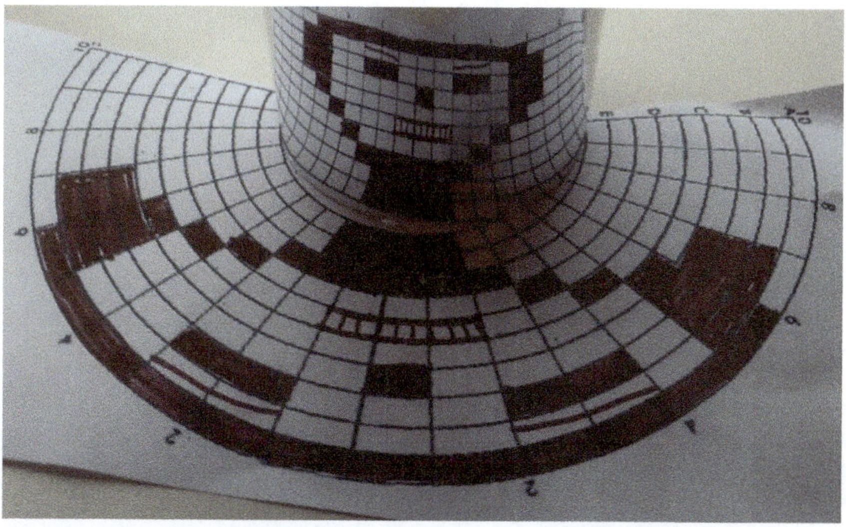

Exemple d'anamorphose (CM1).

Conclusion : le secret de la méthode

Cet ouvrage est la pierre angulaire de la méthode. Il est à craindre que beaucoup ne le lisent pas et appliquent la méthode sur la seule base des documents en ligne. Ce serait évidemment passer à côté du cœur des principes adoptés et surtout…ça risque de ne pas fonctionner.

Eh oui, il y a un « secret » dans cette méthode (comme dans toutes…). Enseigner c'est comme cuisiner. La même recette sera élaborée et préparée de différentes façons selon les cuisiniers (apprentis ou experts) pour un résultat très variable…même avec les meilleures recettes du monde ! Pourquoi cela ? Car tout n'est jamais écrit en cuisine. La recette c'est un guide, qui cache des tours de main, une connaissance des produits, de son propre matériel (un four ne fait pas l'autre), et de moult détails qui feront la réussite ou non…prenez l'exemple des macarons. Beaucoup s'y sont essayés et tous n'ont pas réussi, malgré les astuces délivrées ici ou là.

Enseigner, c'est la même chose. Encore plus quand on « suit » une méthode comme celle-ci (ou comme d'autres, en français, sciences…).

Les séances cachent des gestes professionnels qui s'apprennent. La mise en œuvre de la MHM demande d'avoir un certain nombre de connaissances didactiques, et de compétences professionnelles (observer, évaluer, écouter, analyser…). Le faire sans avoir lu ce guide qui explicite tous ces principes, gestes et actions nécessaires…c'est comme faire une recette de cuisine sans connaitre la nature de la moitié des ingrédients…ou les cuire avec l'emballage…

Ainsi, la durée des différentes étapes des séances n'est pas indiquée. Volontairement. C'est à l'enseignant de jauger (juger) de la pertinence de poursuivre telle ou telle activité. De jouer sur telle ou telle variable didactique. Par exemple, si vous avez un atelier avec un jeu, et que ça tourne bien, il est probable qu'au bout de 15 minutes, les élèves s'en lasseront. Même si ce n'est pas écrit, c'est à vous alors d'agir : faire évoluer le jeu (nouvelles cartes, nouvelles règles, changement d'équipes, imposer un temps, faire écrire la trace du jeu, etc.) ou les mettre en autonomie sur un fichier, un autre jeu…

De la même façon, la gestion des activités orales et du calcul mental exige une réflexion. Si je demande « 7+4= ? », est-ce que je m'arrête à « *Oui, c'est 11, suivant...* » … ? Parfois oui, car je jugerai que ce n'est pas utile d'en faire plus. Parfois non, car au contraire, en regardant les résultats sur les ardoises, les erreurs affichées, les mines déconfites des élèves, le temps qu'il leur a fallu, je me dirai « *oh là, là...Il faut que je prenne 5 minutes...* » et alors je leur demande comment on peut faire pour trouver le résultat, j'étaye, je fais de la rétroaction…

Et tout ça n'est pas écrit dans les séances, car ce n'est pas possible, c'est le travail de l'enseignant, c'est sa part de « professionnalité » dans la mise en œuvre des contenus ! Bref, je ne propose pas de méthode miracle, juste une solution pragmatique à l'enseignement des mathématiques…le secret c'est vous !

La méthode n'est pas statique, sera amenée à évoluer, preuve en est cette deuxième version du guide ! Elle sera ce que vous en ferez !

Annexes

ANNEXE 1

Programmation annuelle du CP au CM2	**Nombre de séances**	**Dont séances de régulation**
Module 1	6	0
Module 2	6	1
Module 3	8	1
Module 4	8	1
Module 5	7	1
Module 6	6	1
Module 7	7	1
Module 8	7	1
Module 9	6	1
Module 10	7	1
Module 11	6	1
Module 12	7	1
Module 13	8	1
Module 14	7	1
Module 15	6	1
Module 16	5	1
Module 17	5	1
Module 18	5	1
Module 19	7	1
Module 20	8	1
Module 21	8	1
Module 22	7	1
Module 23	6	1
Module 24	7	0
Total	**160**	**22**

ANNEXE 2

Proposition de schématisation de problèmes (1):

En comparant à une histoire :

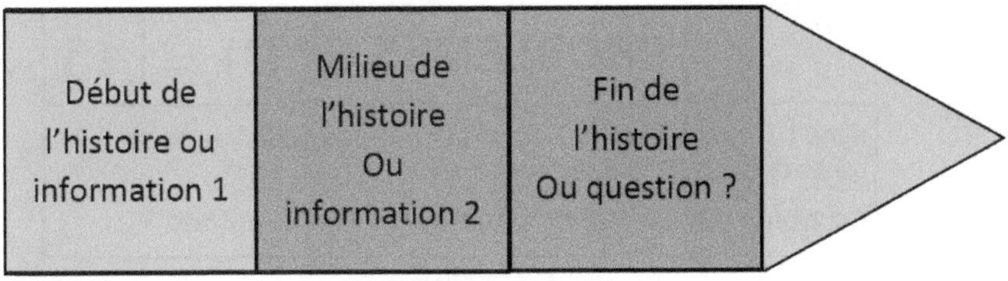

Exemple :

PROBLEMES CP (1) **13**

Pour l'anniversaire de Lucas, la maîtresse a 27 parts de gâteau. Il y a 21 élèves présents.

Combien restera-t-il de parts après l'anniversaire ?

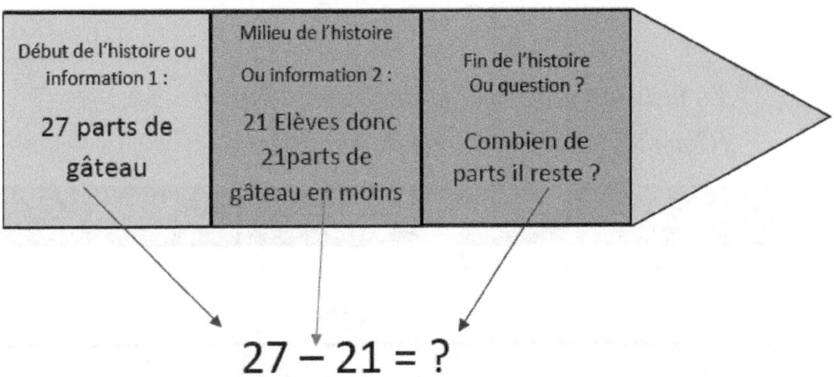

ANNEXE 3

Propositions de schématisation de problèmes (2):

En utilisant des ensembles.

PROBLEMES CP (1) **13**

Pour l'anniversaire de Lucas, la maîtresse a 27 parts de gâteau. Il y a 21 élèves présents.

Combien restera-t-il de parts après l'anniversaire ?

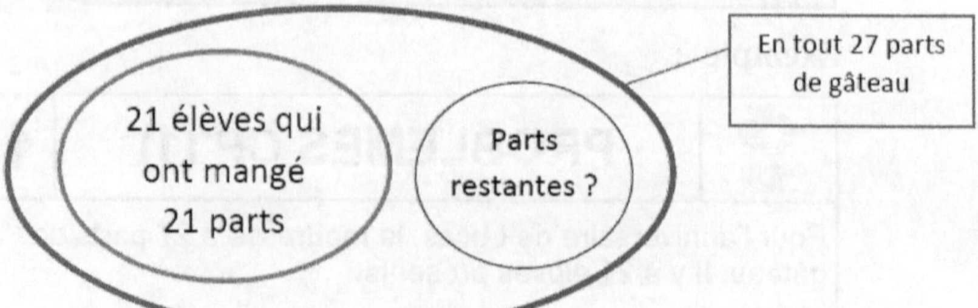

27 – 21 = ?

En utilisant une représentation en « barres » :

(Comme dans la méthode de Singapour)

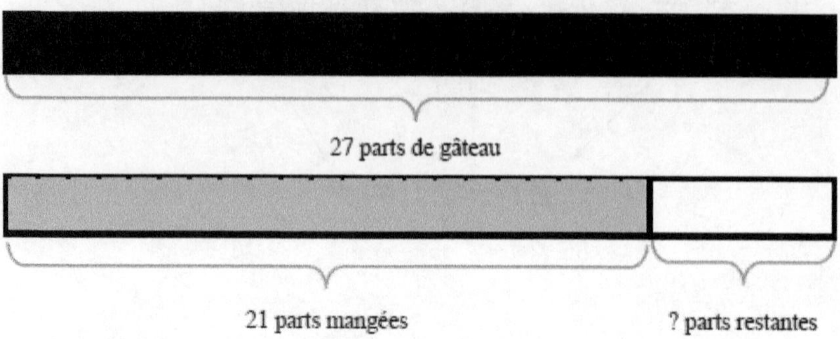

Références

Pour cette 2e édition, j'ai essayé de retrouver toutes les références, mais il en manque sûrement…

ALEXANDRE DANIELLE (2010), *Anthologie des textes clés en pédagogie, des idées pour enseigner*, ESF Éditeur.

ALVAREZ AURÉLIEN (2012), Sciences cognitives et mathématiques, repéré à http://images.math.cnrs.fr/Sciences-cognitives-et.html

ANDREU SANDRA, BEN ALI LINDA, ROCHER THIERRY (2016), Évaluation numérique des compétences du socle en début de sixième : des niveaux de performance contrastés selon les académies, DEPP, Note d'information 2016-n°18.

ANTIBI ANDRÉ (2003), *La constante macabre*, Toulouse, Math'Adore.

ARTIGUE MICHÈLE (2011), Le défi de l'enseignement des mathématiques dans l'éducation de base, Paris : UNESCO.

ASTOLFI JEAN-PIERRE (1997), *L'erreur, un outil pour enseigner*, ESF Éditeur.

BARRIAULT LUCIE (2017), Comment devrait-on enseigner les mathématiques?, RIRE, Réseau d'information pour la réussite éducative, repéré à http://rire.ctreq.qc.ca/2017/03/math-infographie/

BARRIAULT LUCIE (2016), 8 stratégies d'enseignement recommandées par Hattie et Marzano, RIRE, Réseau d'information pour la réussite éducative, repéré à http://rire.ctreq.qc.ca/2016/04/strategies-hattie-marzano/

BARRIAULT LUCIE (2015), Hattie et ses stratégies efficaces d'enseignement, RIRE, Réseau d'information pour la réussite éducative, repéré à http://rire.ctreq.qc.ca/2015/07/strategies-efficaces-enseignement/

BARTH BRITT-MARI (1985). Jérôme Bruner et l'innovation pédagogique. In: Communication et langages, n°66, 4e trimestre 1985.pp. 46-58.

BARTH BRITT-MARI (1994), *L'apprentissage de l'abstraction*, Retz.

BARTH BRITT-MARI (2013), *Élève chercheur, enseignant médiateur*, Retz.

BARUK STELLA (2003), *Comptes pour petits et grands, Volume 1*, Pour un apprentissage du nombre et de la numération fondé sur la langue et le sens, Magnard.

BARUK STELLA (2003), Comptes pour petits et grands. : Volume 2, Pour un apprentissage des opérations, des calculs, et des problèmes, fondé sur la langue et le sens, Magnard.

BAUDRIT ALAIN (2007), Apprentissage coopératif/Apprentissage collaboratif : d'un comparatisme conventionnel à un comparatisme critique, in Les Sciences de l'éducation - Pour l'Ère nouvelle, Cerse – Université de Caen.

BÉLANGER JEAN-PHILIPPE, DEBLOIS LUCIE (2016), La résolution de problèmes vue par les élèves qui manifestent des réactions d'anxiété ou d'agitation, in Aqep, Vivre le primaire, volume 29, numéro 2, printemps 2016.

BERDONNEAU CATHERINE (2007), *Mathématiques actives pour les tout-petits*, Hachette.

BERNARD JULIA ET AUTRES (2017), Présidentielle : n'oublions pas la science !, repéré à http://smai.emath.fr/spip/IMG/pdf/tribune_societes_savantes.pdf

BRET ANAÏS, KESKPAIK SASKIA, ROUSSEL LÉA, VERLET IRÈNE (2016), Les élèves de 15 ans en France selon PISA 2015 en culture scientifique : des résultats stables, toujours marqués par de fortes inégalités, DEPP, Note d'information 2016-n° 37.

BRISSIAUD RÉMI (2003), *Comment les enfants apprennent à calculer*, Retz, Paris.

BRISSIAUD RÉMI, *articles publiés sur le café pédagogique (2017 et 2018)*

BROWN PETER C., ROEDIGER HENRY L., MCDANIEL MARK A. (2016), *Mets-toi ça dans la tête !*, Édition Markus Haller.

CENTRE ALAIN SAVARY, Enseigner plus explicitement : un dossier ressource de l'Ifé, repéré à http://centre-alain-savary.ens-lyon.fr/CAS/documents/publications/docs-enseignement-plus-explicite/dossier-ressource-explicite

CENTRE ALAIN SAVARY, De la question des devoirs à l'apprentissage de l'autonomie dans le travail personnel, pistes et ressources pour la formation , repéré à http://centre-alain-savary.ens-lyon.fr/CAS/education-prioritaire/ressources/theme-2-perspectives-relatives-a-laccompagnement-et-a-la-formation/de-la-question-des-devoirs-a-l2019apprentissage-du-travail-personnel-pistes-et-ressources-pour-la-formation#T1

CHARBONNIER DANIEL, HOUCHOT ALAIN, KERRERO CHRISTOPHE, MOUTOUSSAMY ISABELLE, THOLLON FRÉDERIC (2013) La notation et l'évaluation des élèves éclairées par des comparaisons internationales, Rapport - n° 2013-072 de l'Inspection Générale de l'Éducation Nationale.

CHARNAY, R., DOSSAT LUCE, FROMENTIN JEAN, HOUDEMENT CATHERINE, MATULIK NICOLE, PIGOT GUY, PLANCHETTE PAUL (2002), *Mathématiques, Cycle des apprentissages Fondamentaux (cycle 2)*, Centre national de documentation pédagogique.

CHARNAY ROLAND, COLOMB JACQUES, DOUAIRE JACQUES, GUILLAUME JEAN-CLAUDE, VALENTIN DOMINIQUE (2005), ERMEL, Apprentissages numériques et résolution de problèmes CP Edition 2005.Paris : Hatier.

CHARNAY ROLAND, COLOMB JACQUES, DOUAIRE JACQUES, GUILLAUME JEAN-CLAUDE, VALENTIN DOMINIQUE (2005), ERMEL, Apprentissages numériques et résolution de problèmes CE1 Edition 2005.Paris : Hatier.

CIEUTAT PIERRE, CONNAC SYLVAIN (2014), Constructivisme ou enseignement explicite ? in les cahiers pédagogiques, repéré à http://www.cahiers-pedagogiques.com/Constructivisme-ou-enseignement-explicite

CNESCO (2015), Conférence de consensus intitulée "Nombres et opérations : premiers apprentissages à l'école primaire", repéré à http://www.cnesco.fr/fr/numeration/

COLMAN MARC, LE CAM MARION (2016), TIMSS 2015 mathématiques et sciences- Évaluation internationale des élèves de CM1, DEPP, Note d'information 2015-n° 33.

CONNAC SYLVAIN (2009), Apprendre avec les pédagogies coopératives : démarches et outils pour l'école, ESF Éditeur.

COPPÉ SYLVIE, HOUDEMENT CATHERINE (2010), Résolution de problèmes àl'école primaire française : perspectives curriculaire et didactique. Colloque de la COPIRELEM, Juin 2009, France.

CUSSET PIERRE-YVES (2014), Les pratiques pédagogiques efficaces - Conclusions de recherches récentes- Document de travail France Stratégie.

DALIBARD ÉTIENNE, PASTOR JEAN-MARC (2015), CEDRE 2014 – Mathématiques en fin d'école primaire : les élèves qui arrivent au collège ont des niveaux très hétérogènes, DEPP, Note d'information 2015-n° 18.

DANIEL CÉLINE, DEMOULIN HUGUES (2011), Résultats scolaires, appréciations et genre, repéré à http://slideplayer.fr/slide/1316764/

DUCROCQ DAVID, conférence sur la neuroéducation http://www.david-ducrocq.fr

DURPAIRE JEAN-LOUIS, MÉGARD MARIE (coord.), *Le nombre au cycle 2 et le nombre au cycle 3*, Portail Eduscol, eduscol.education.fr

DIAS THIERRY (2012), *Expérimenter et manipuler en mathématiques. Comprendre les difficultés des élèves pour mieux les résoudre.* Editions Magnard. Paris

DIAS THIERRY (2015), *Nous sommes tous des mathématiciens,* Editions Magnard. Paris

DUPLAY JEAN-PAUL, Enseigner les mathématiques : que d'occasions ratées ! Pourquoi faut-il changer de pédagogie en mathématiques ? Et, si oui, sait-on le faire ?, repéré à https://www.meirieu.com/ECHANGES/enseigner%20les%20math%20 JP%20Duplay.pdf

DURU-BELLAT MARIE (2016), Classement PISA : ce qui se confirme et ce qui change, repéré à https://theconversation.com/classement-pisa-ce-qui-se-confirme-et-ce-qui-change-70025

ÉDUSCOL (2016), Mathématiques et maîtrise de la langue, Éduscol.

EDUSCOL (2014), Guide - Une école bienveillante face aux situations de mal-être des élèves, Eduscol.

ÉQUIPE TALIS (2014), Enseignant en France : un métier solitaire ?, DEPP, Note d'information 2014-n° 23.

FEYFANT ANNIE (2011), Les effets de l'éducation familiale sur la réussite scolaire, Dossier d'actualité Veille et analyses de l'IFÉ n° 63.

FEYFANT ANNIE (2015), Apprentissage des nombres et opérations : les données du problème, Dossier d'actualité Veille et analyses de l'IFÉ n° 102.

GARFORTH KATHRYN, La stratégie d'enseignement concrète – représentationnelle – abstraite en mathématiques, repéré à https://www.taalecole.ca/concrete-representationnelle-abstraite/

GASPAR ERIC (2012), Introduction à la neuroéducation, repéré à http://revue.sesamath.net/spip.php?article391

GÉNINET ARMELLE (2015), *Faites-les réussir en maths, de l'école à l'entrée au lycée*, Chronique Sociale.

GIMONNET BERTRAND (2016), De la bienveillance éducative, in dossier n° 532 des cahiers pédagogiques « Justices et injustices à l'école ».

GRANDSERRE SYLVAIN, LESCOUARCH LAURENT (2009), *Faire travailler les élèves à l'école, sept clés pour enseigner autrement*, ESF Editeur.

HATTIE JOHN, Classement de Hattie : Liste de facteurs pour la réussite scolaire, repéré à https://visible-learning.org/fr/john-hattie-classement-facteurs-reussite-apprentissage/

HUIN FABRICE (2017), Améliorer les résultats en mathématiques : la rétroaction, repéré à https://www.mathematices.be/2017/04/10/ameliorer-les-resultats-en-mathematiques-la-retroaction/

HUIN FABRICE (2016), Méta-analyse de John Hattie, repéré à http://www.mathematices.be/2016/12/05/meta-analyse-de-john-hattie/

HUTCHINSON NANCY L. & MATHESON IAN , La représentation visuelle en mathématiques, repéré à https://www.taalecole.ca/la-representation-visuelle/

LARIVAIN CATHERINE (2006), Les enseignants des écoles publiques et la formation, DEPP, Dossier.

LETHIELLEUX CLAIRE (1993), Le calcul mental au cycle des approfondissements, tome 2, Paris, Armand Colin.

LOZAC'H ANTHONY (2014), La bienveillance à l'école, un concept dont il faut se saisir, repéré à https://ecolededemain.wordpress.com/2014/10/22/la-bienveillance-a-lecole-un-concept-dont-il-faut-se-saisir/

MEIRIEU PHILIPPE, L'éducabilité, repéré à https://www.meirieu.com/DICTIONNAIRE/educabilite.htm

MEIRIEU PHILIPPE, Méthode Pédagogique, repéré à https://www.meirieu.com/DICTIONNAIRE/methodepedagogique.htm

MEIRIEU PHILIPPE, L'Éducation et le rôle des enseignants à l'horizon 2020, Rapport pour l'Unesco : HORIZON 2020

MEIRIEU PHILIPPE (2012), L'Éducation Nouvelle: carrefour de malentendus...et creuset de la tension fondatrice de l'entreprise éducative, repéré à https://www.meirieu.com/ARTICLES/educ nouv malentendus.pdf

MERLE PIERRE (2007, *Les notes : secrets de fabrication*, Éducation et société.
MINISTÈRE DE L'ÉDUCATION NATIONALE (2012), Concertation sur la refondation de l'école de la République Formation des enseignants : éléments de comparaison internationale
MINISTÈRE DE L'ÉDUCATION, DU LOISIR ET DU SPORT DU QUÉBEC. Agir autrement en mathématique pour la réussite des élèves en milieu défavorisé.
MOSCONI NICOLE (2009), Genre et pratiques scolaires : comment éduquer à l'égalité ?, Eduscol, repéré à http://eduscol.education.fr/cid47785/genre-et-pratiques-scolaires%C2%A0-comment-eduquer-a-l-egalite%C2%A0.html
NGHAN HOE LEE, PEN YEE LEE (2009), *Méthode de Singapour*, La Librairie des Écoles.
OCDE (2015), PISA 2015 – Résultats à la loupe, repéré à https://www.oecd.org/pisa/pisa-2015-results-in-focus-FR.pdf
PAGEAU LAURIE (2016), L'enseignement basé sur des données probantes : 10 stratégies et 30 moyens de le mettre en pratique dans vos classes, RIRE, Réseau d'information pour la réussite éducative, repéré à : http://rire.ctreq.qc.ca/2016/07/enseignement-donnees-probantes/
PAJARES F. ET J. KRANZLER (1995). "Self-efficacy beliefs and general mental ability in mathematics problem solving", *Contemporary Educational Psychology*, vol. 20, n° 4, p. 426–443
PASQUINELLI ELENA, Mon cerveau, ce héros : mythes et réalité, Éditeur : Le Pommier
PASTOR JEAN-MARC (2012), *Mathématiques en fin d'école primaire, le bilan des compétences*, Scérén.
RAULIN DOMINIQUE (coord) (2002), Dossier. Le métier d'enseignant en Europe, Revue Internationale d'Éducation de Sèvres.
ROBINSON KEN (2006), Ken Robinson nous dit en quoi l'école tue la créativité, conférence repéré à https://www.ted.com/talks/ken_robinson_says_schools_kill_creativity?language=fr
SCHWEYER CLÉO (2014), Maths-pourquoi-tant-de-haine, repéré à https://sciencespourtous.univ-lyon1.fr/maths-pourquoi-tant-de-haine/
SIEKKINEN MARTTI (2015), Empathetic teachers enhance children's motivation for learning,University of Eastern Finland, repéré à http://www.uef.fi/en/-/opettajan-lamminhenkisyys-kasvattaa-lasten-oppimismotivaatiota
SUCHAUT BRUNO (2009), L'organisation et l'utilisation du temps scolaire à l'école primaire : enjeux et effets sur les élèves, repéré à https://halshs.archives-ouvertes.fr/halshs-00395539/document
TRICOT ANDRÉ (2017), Quelles pistes concrètes proposer pour adapter les situations d'apprentissage ?, conférence de consensus du CNESCO sur la différenciation pédagogique, repéré à http://www.cnesco.fr/fr/conditions-de-reussite/
TRICOT ANDRÉ (2017), Sous quelles conditions le numérique améliore-t-il les apprentissages scolaires ?, conférence dans le cadre du séminaire académique "Apprendre à l'ère du numérique" sur le salon EDUSPOT, repéré à http://www.dane.ac-versailles.fr/nos-projets/former/sous-quelles-conditions-le-numerique-ameliore-t-il-les-apprentissages-scolaires
VON ASTER, M., & SHALEV, R. S. (2007). Number development and developmental dyscalculia. *Developmental Medicine & Child Neurology, 49,* 868–873.
WOLFRAM CONRAD (2010), Enseigner les vraies mathématiques aux enfants avec l'ordinateur, conférence repéré à https://www.ted.com/talks/conrad_wolfram_teaching_kids_real_math_with_computers?language=fr

Table des matières

Imprimé en France par CPI
en août 2018

Dépôt légal : mai 2018
N° d'édition : 05
N° d'impression : 2038917